Zeichnen lernen
süße
Modefiguren

50

Barbara Press

DIESES BUCH GEHÖRT:

....

....

Süße Modefiguren

Wie man dieses Buch nutzt,Alles, was Sie brauchen, um loszulegen, ist ein Blatt Papier, ein Bleistift und ein Radiergummi. Sie können aber auch jedes beliebige Werkzeug verwenden, um die süßesten Figuren zu zeichnen, und Sie können ihnen nach dem Zeichnen auf den Trainingsseiten einen Namen geben.

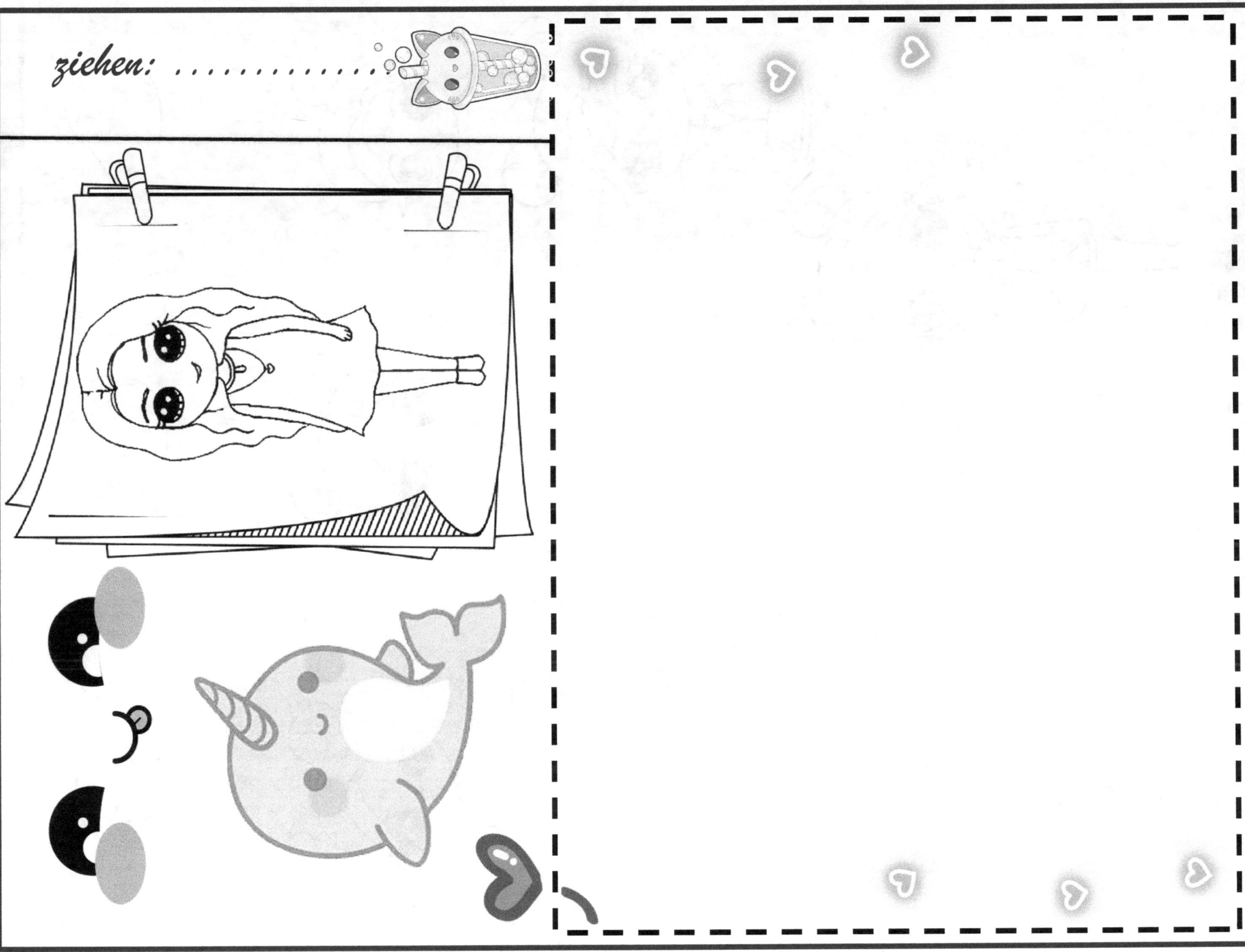

ziehen: ....

1
2
3
4
5
6
7
8
9
10

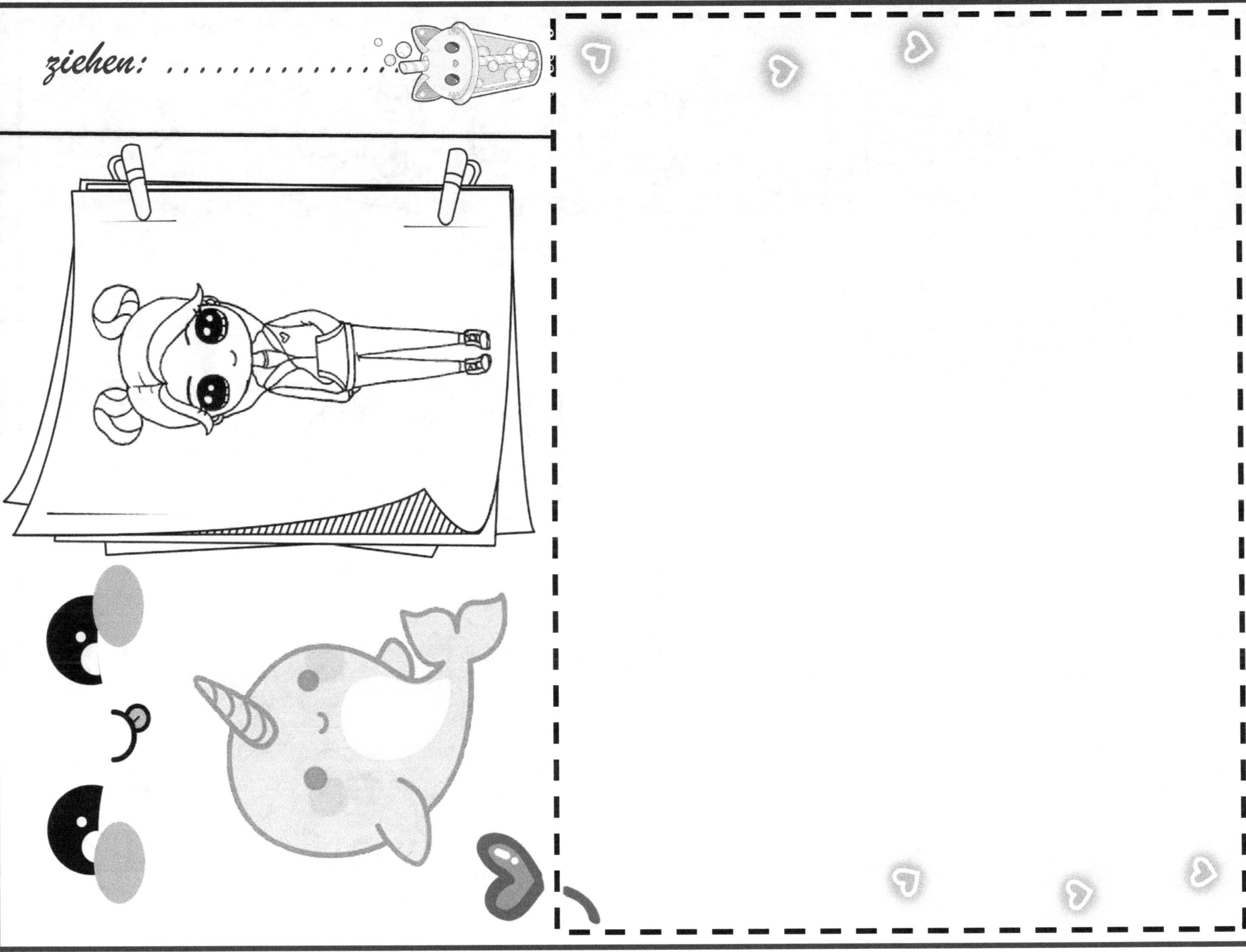

ziehen: ....

1
2
3
4
5
6
7
8
9
10

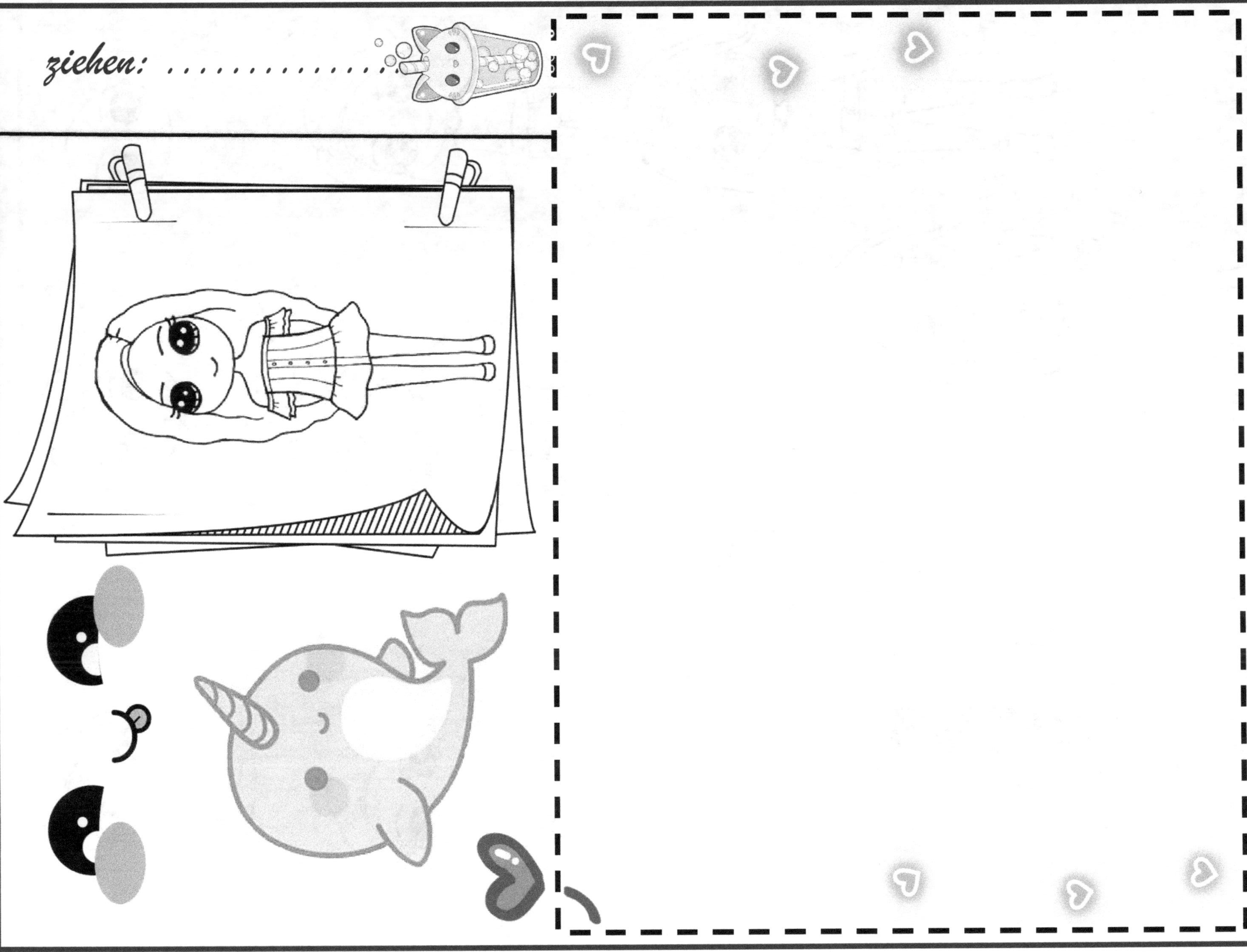

ziehen: ....

1
2
3
4
5
6
7
8
9
10

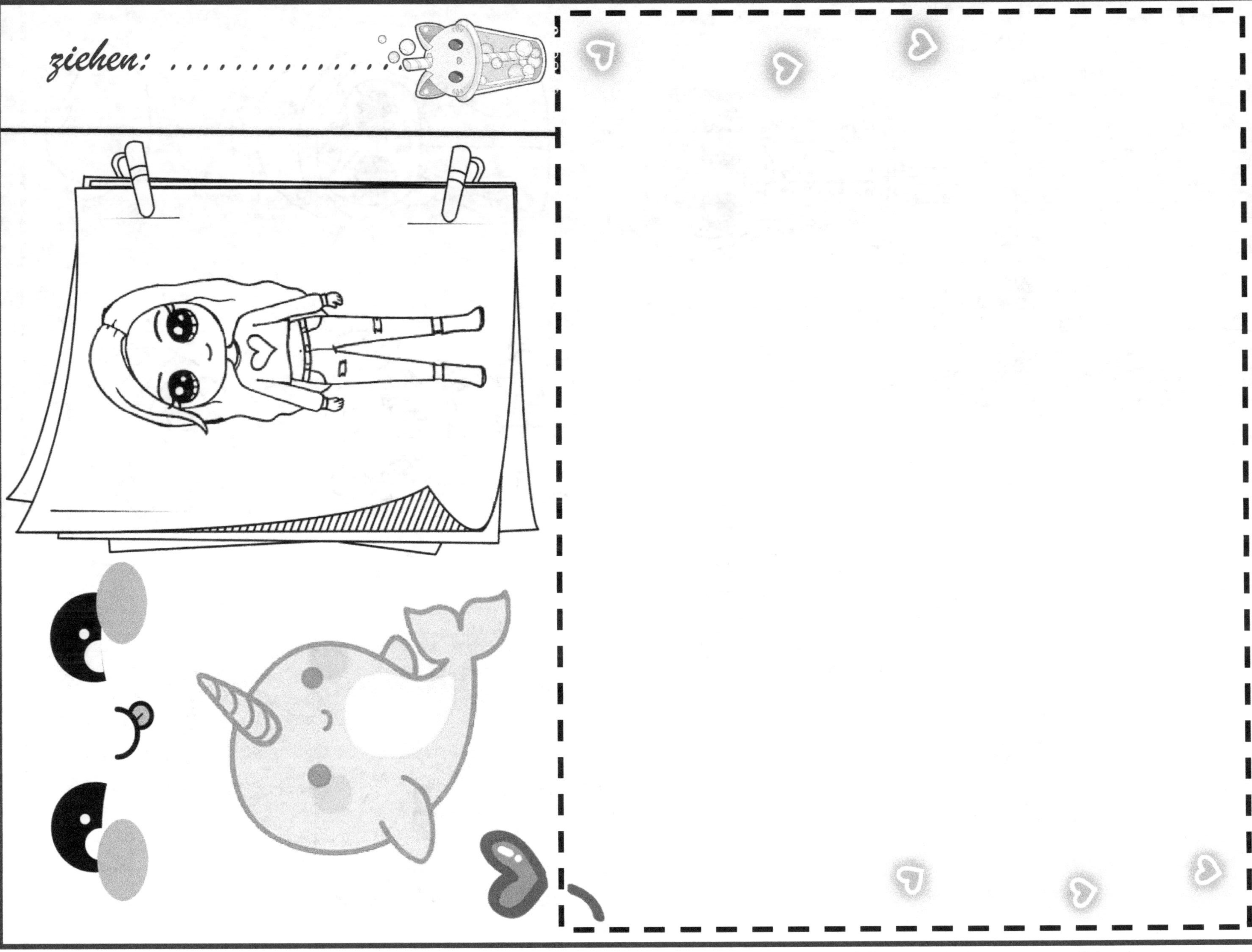

ziehen: ....

1
2
3
4
5
6
7
8
9
10

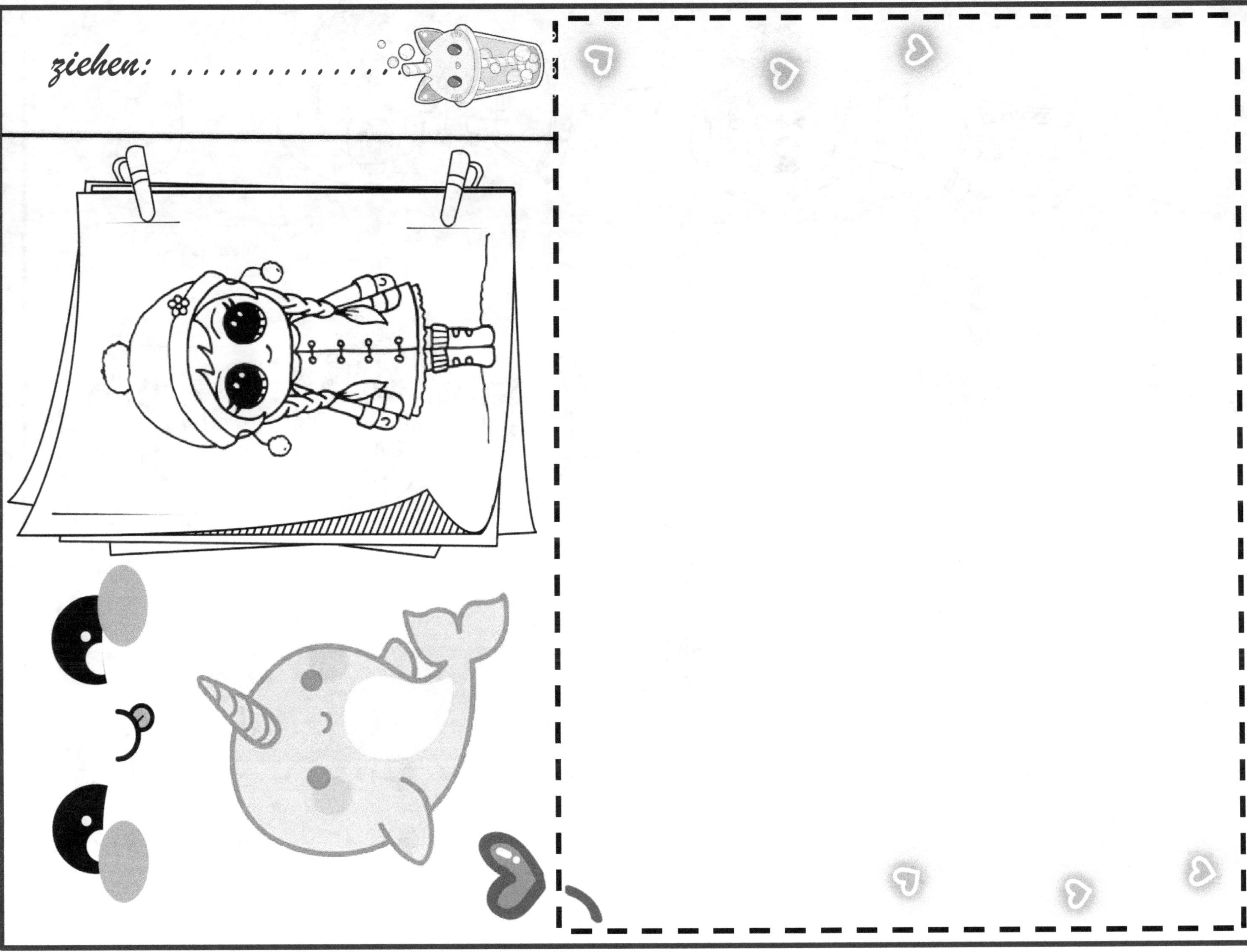

ziehen: ....

1
2
3
4
5
6
7
8
9
10

ziehen: ....

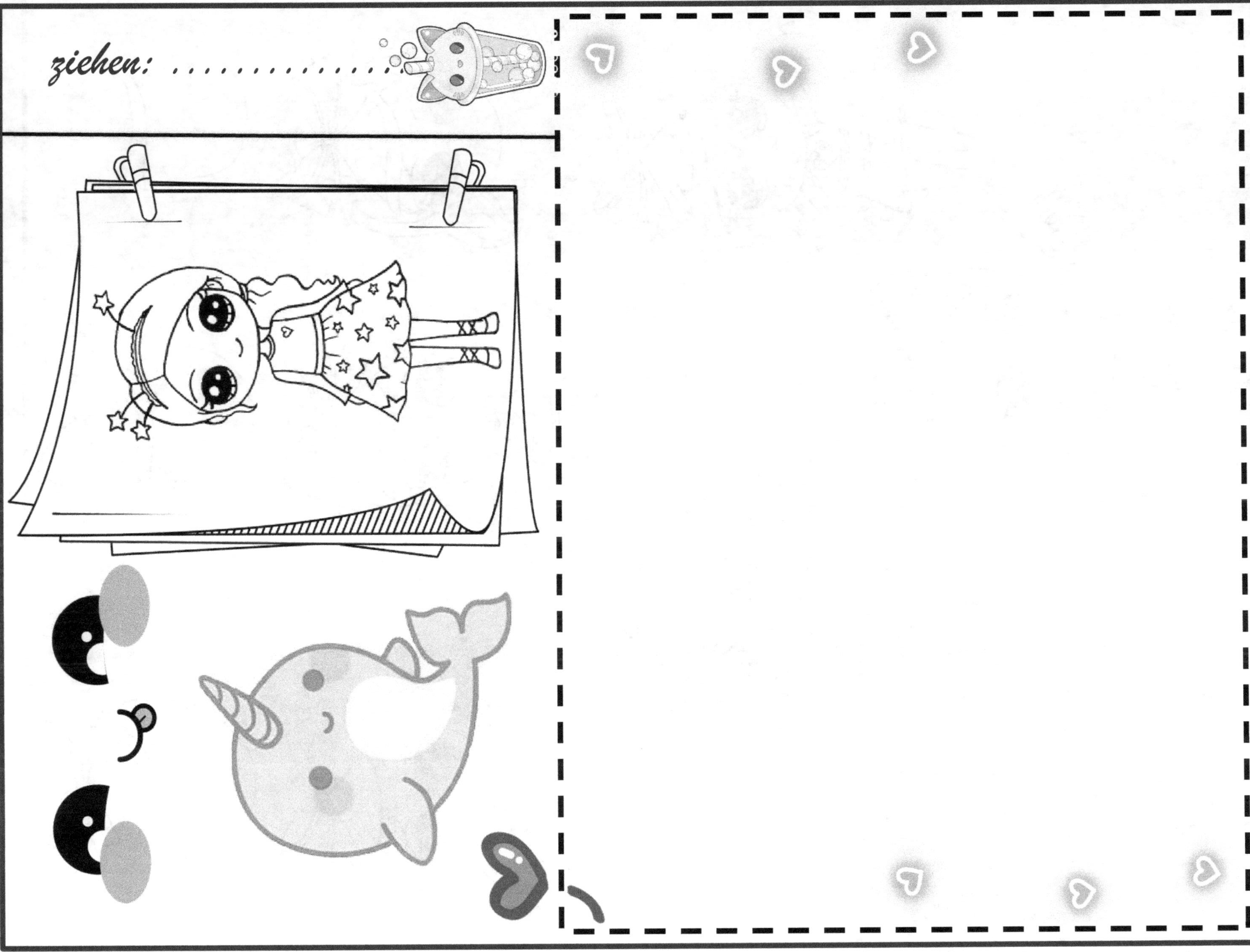

ziehen: ....

ziehen: ....

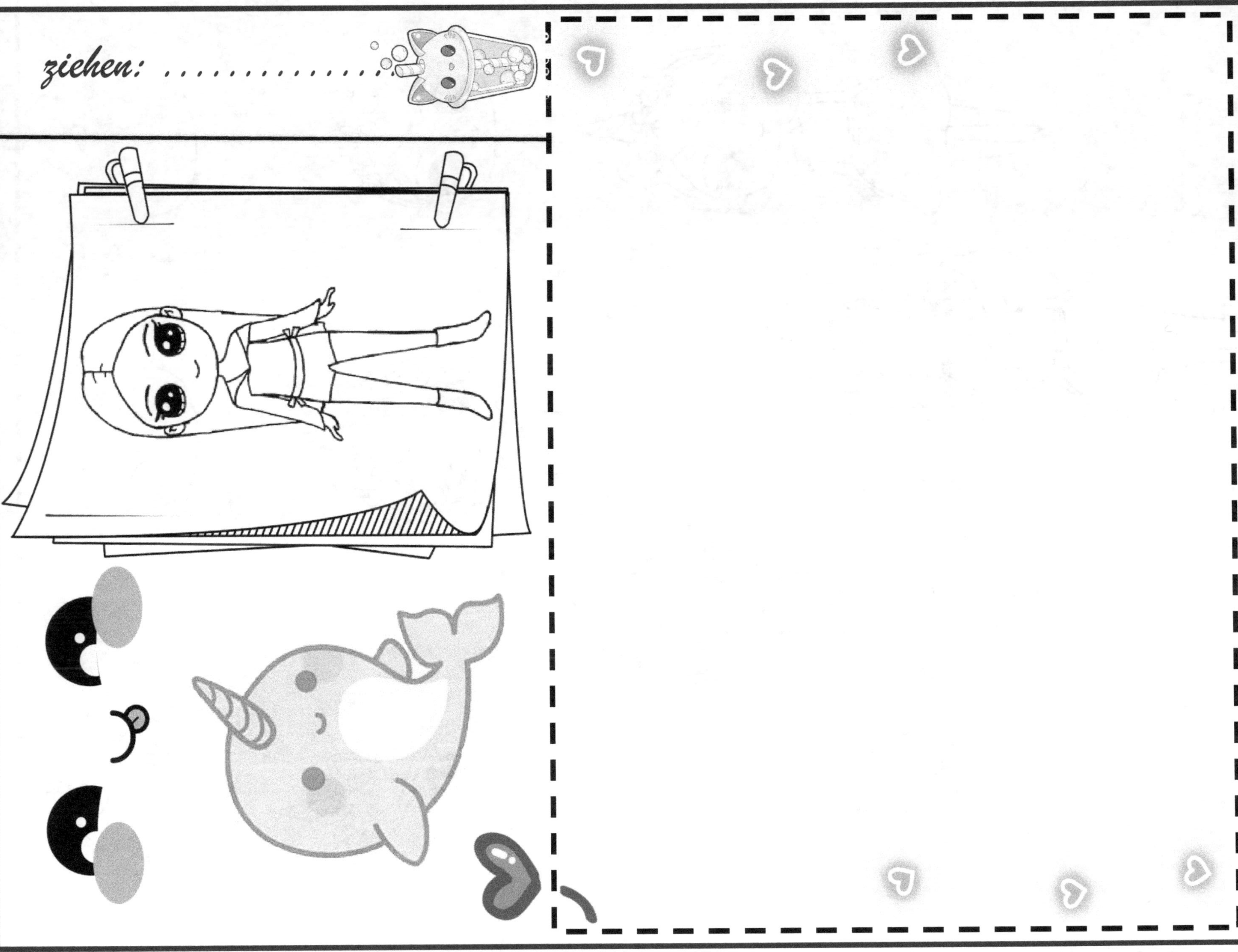
ziehen: ....

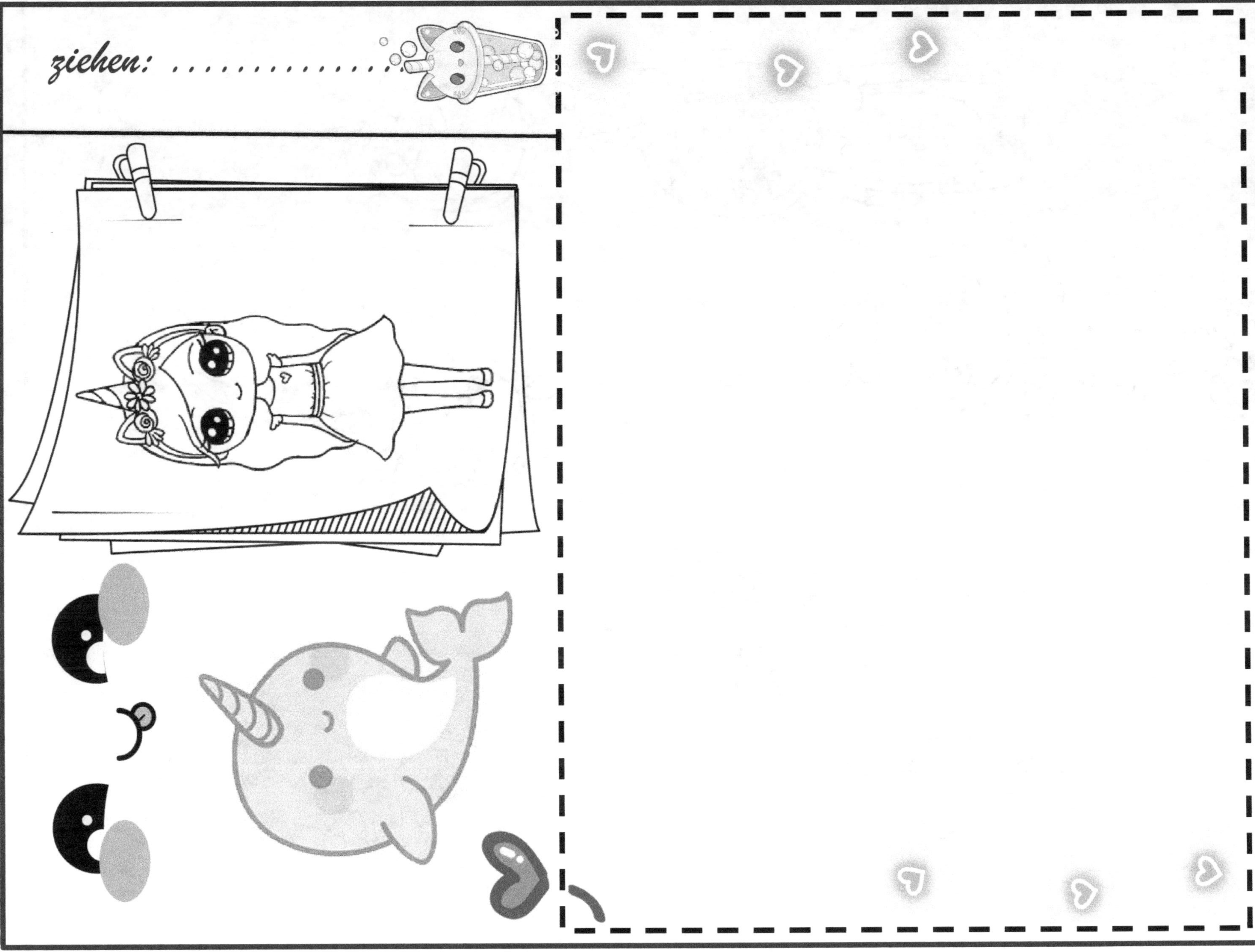

ziehen: ....

1
2
3
4
5
6
7
8
9
10

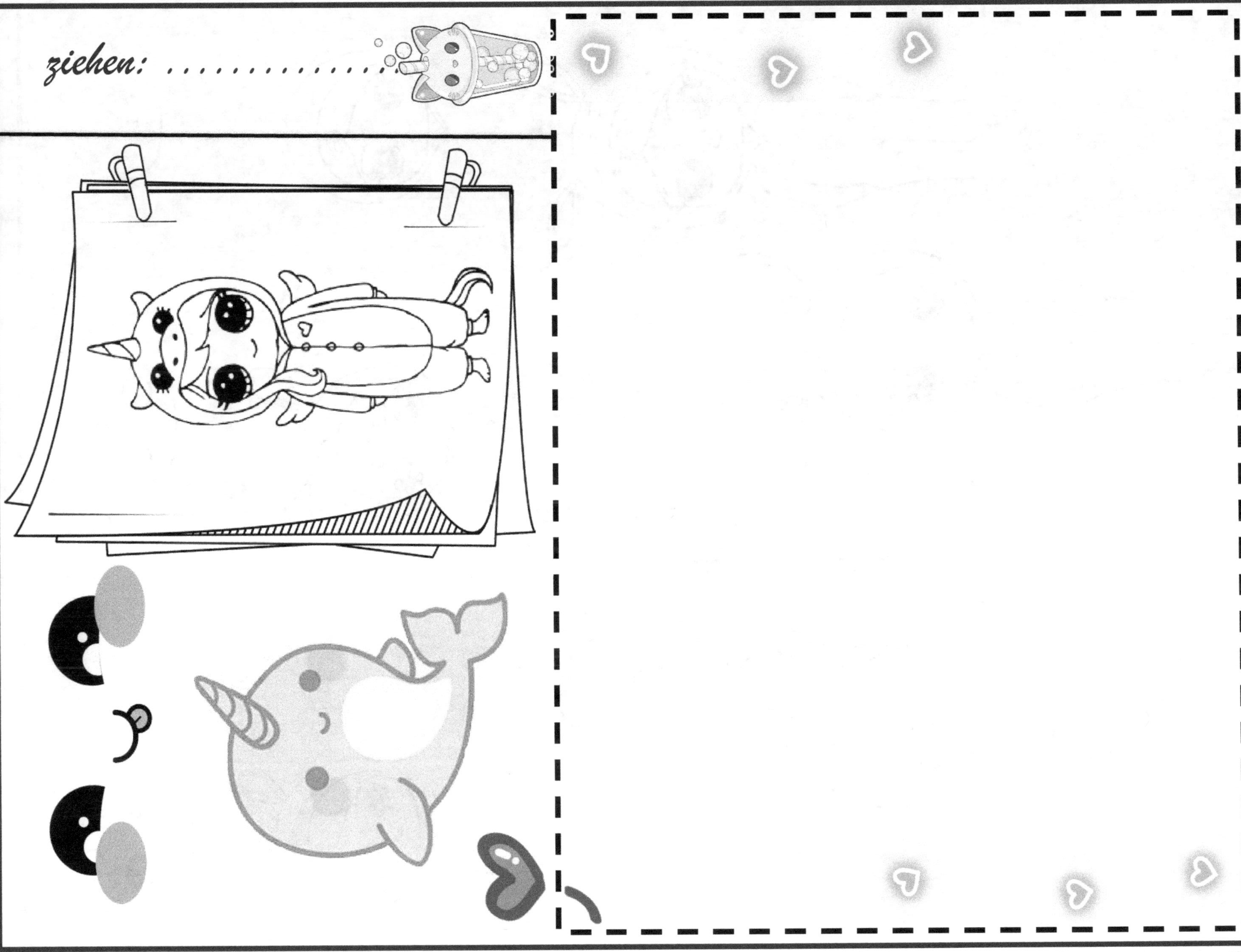

ziehen: ....

1
2
3
4
5
6
7
8
9
10

ziehen: ....

1
2
3
4
5
6
7
8
9
10

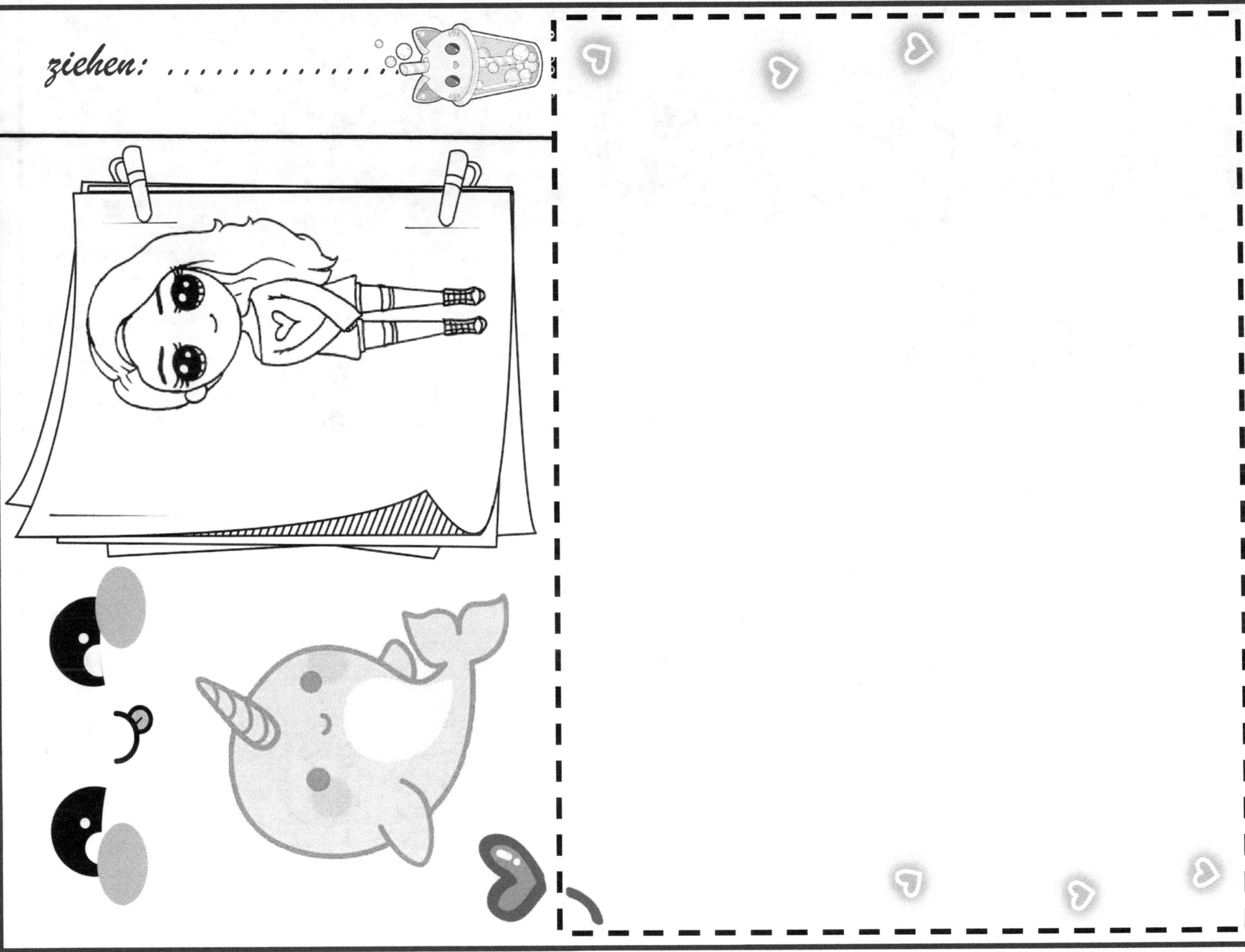

ziehen: ....

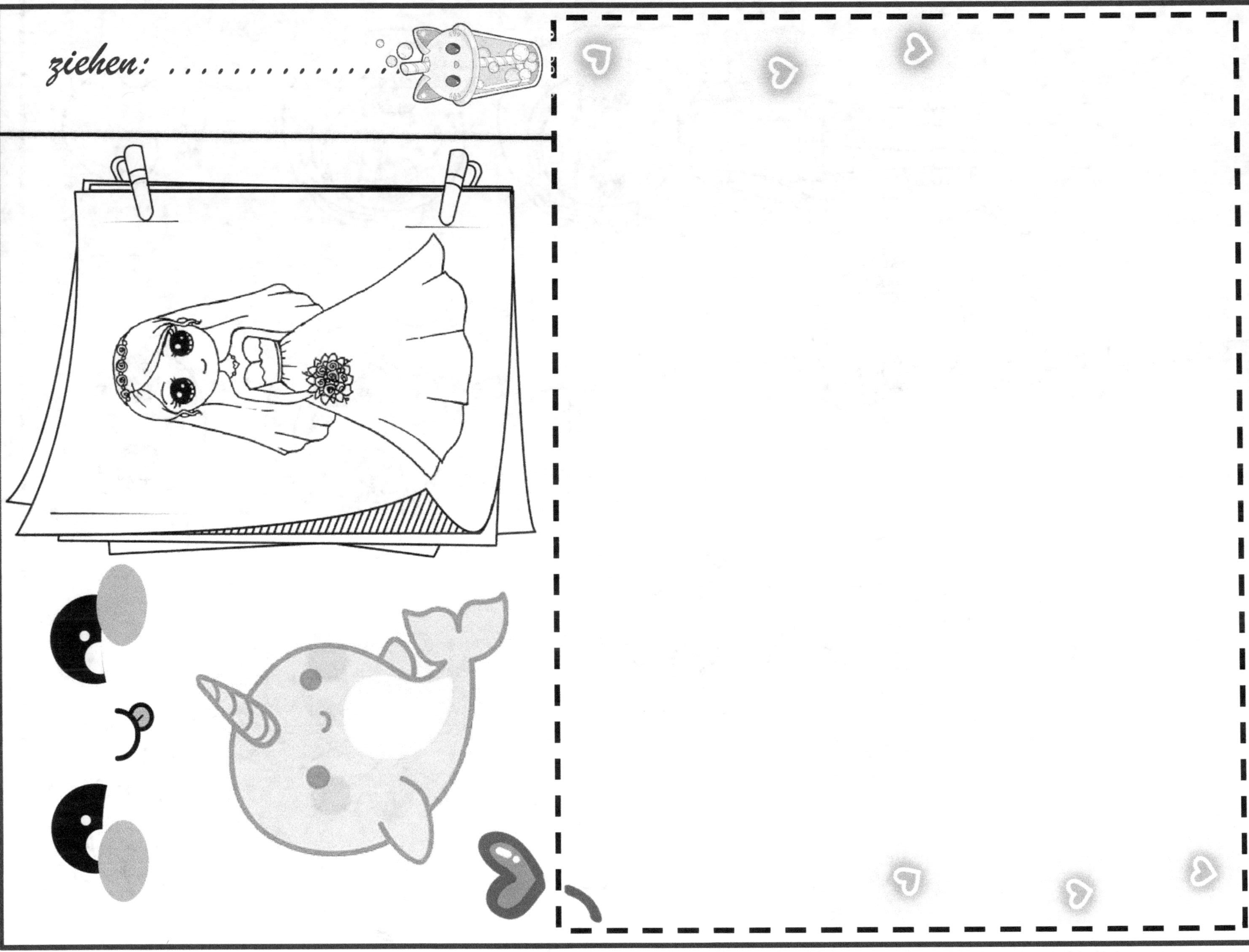

ziehen: ....

1
2
3
4
5
6
7
8
9
10

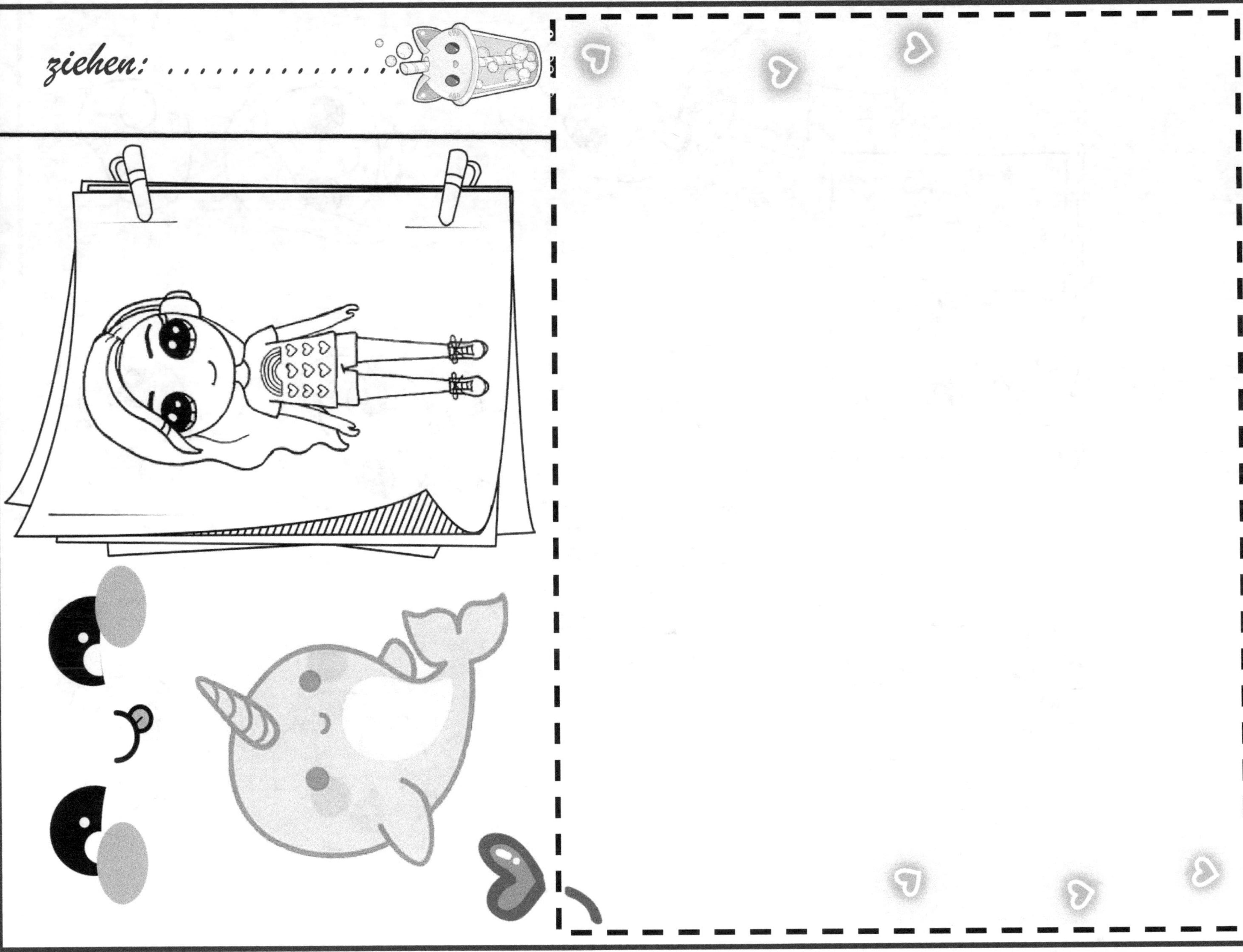

ziehen: ....

1
2
3
4
5
6
7
8
9
2+2
10
2+2

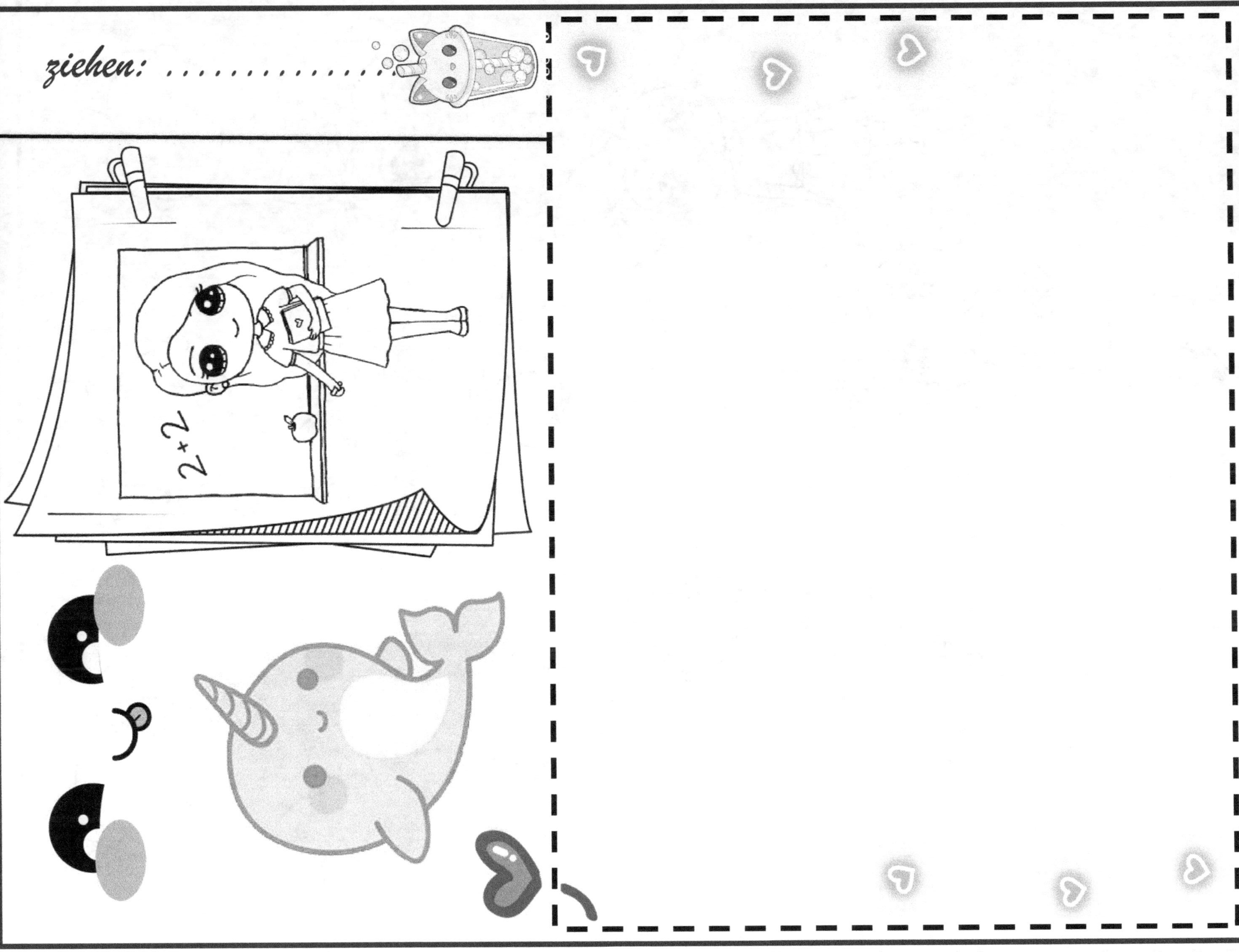

ziehen: ....

ziehen: ....

1
2
3
4
5
6
7
8
9
10

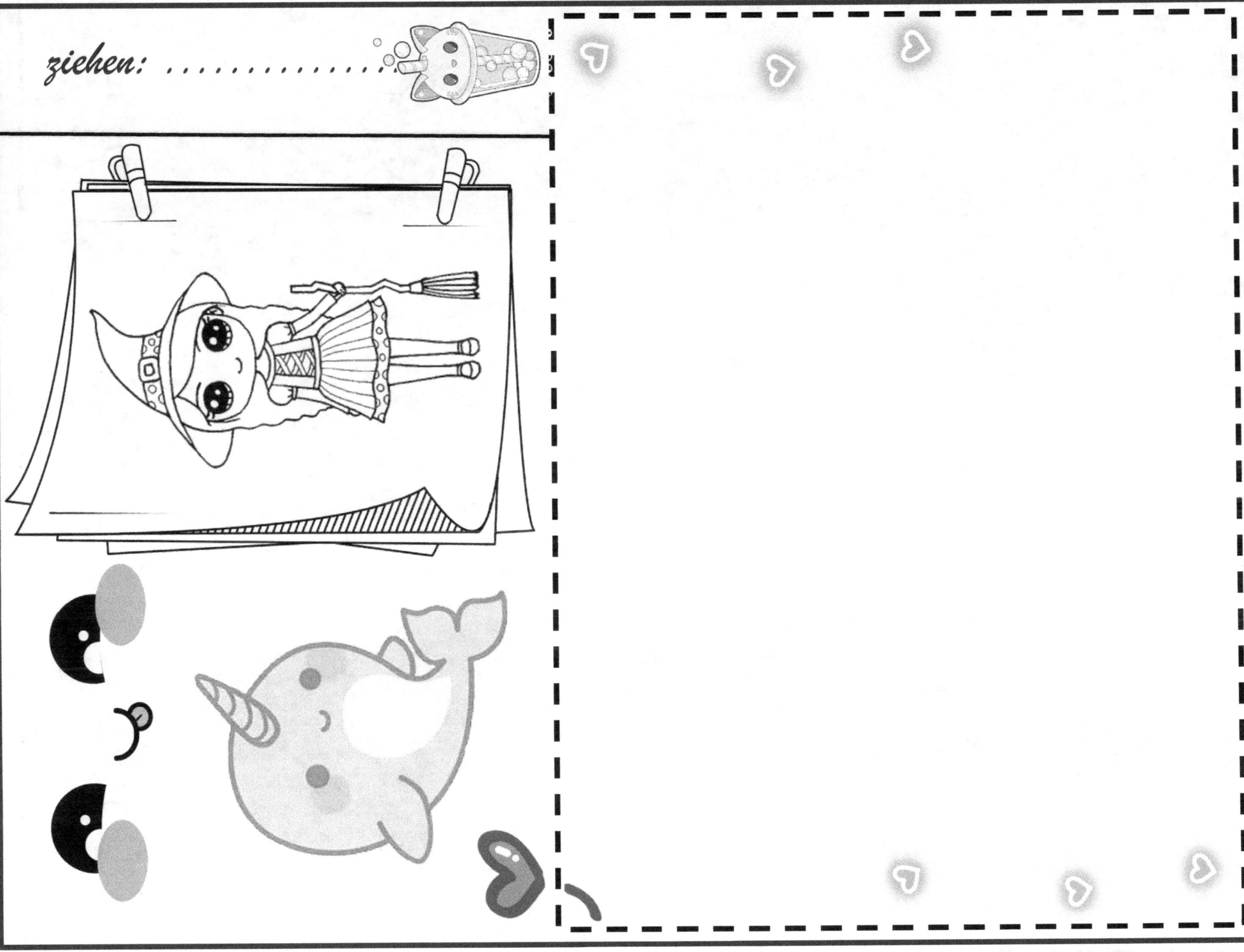
ziehen: ....

1
2
3
4
5
6
7
8
9
10

ziehen: ....

1
2
3
4
5
6
7
8
9
10

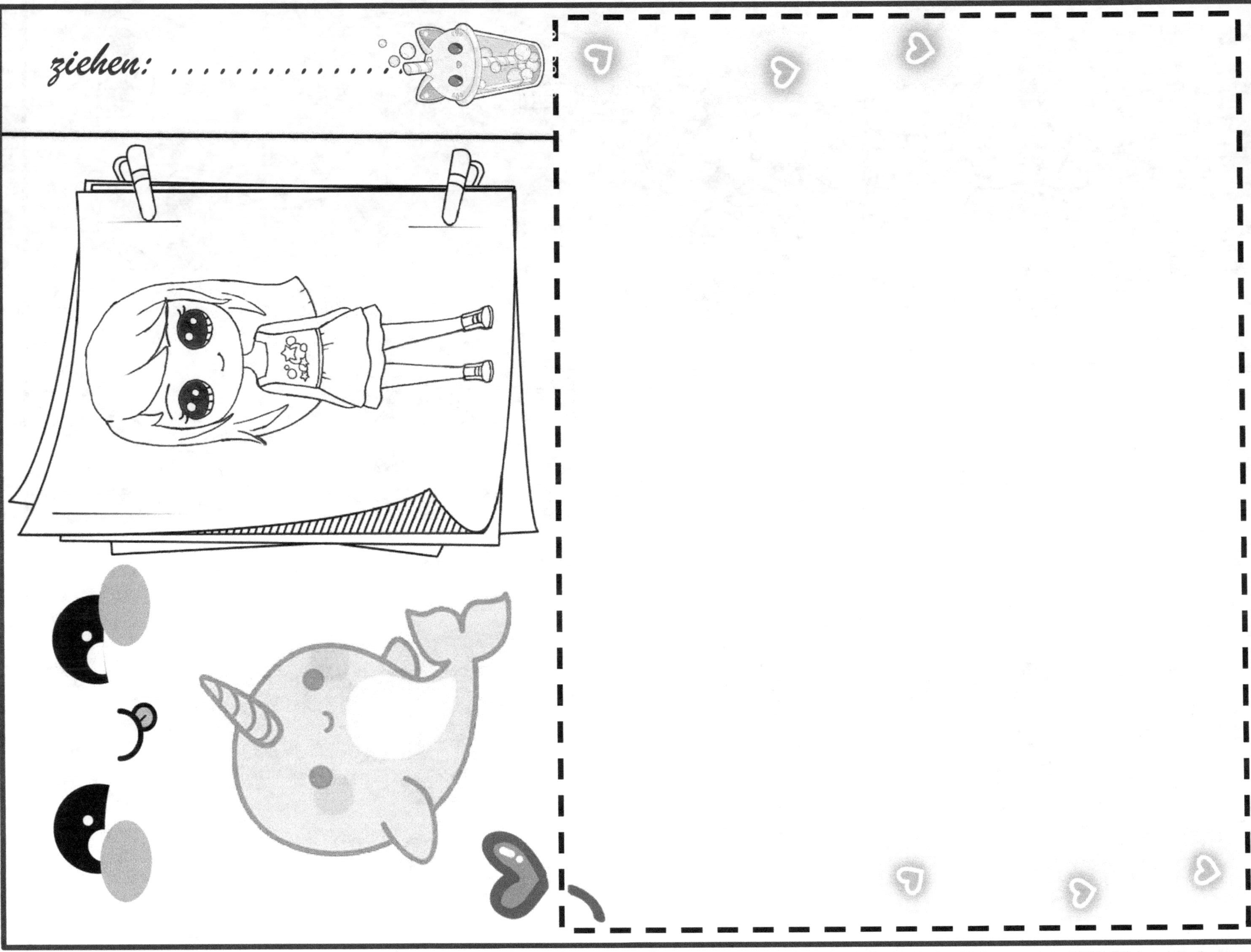

ziehen: ....

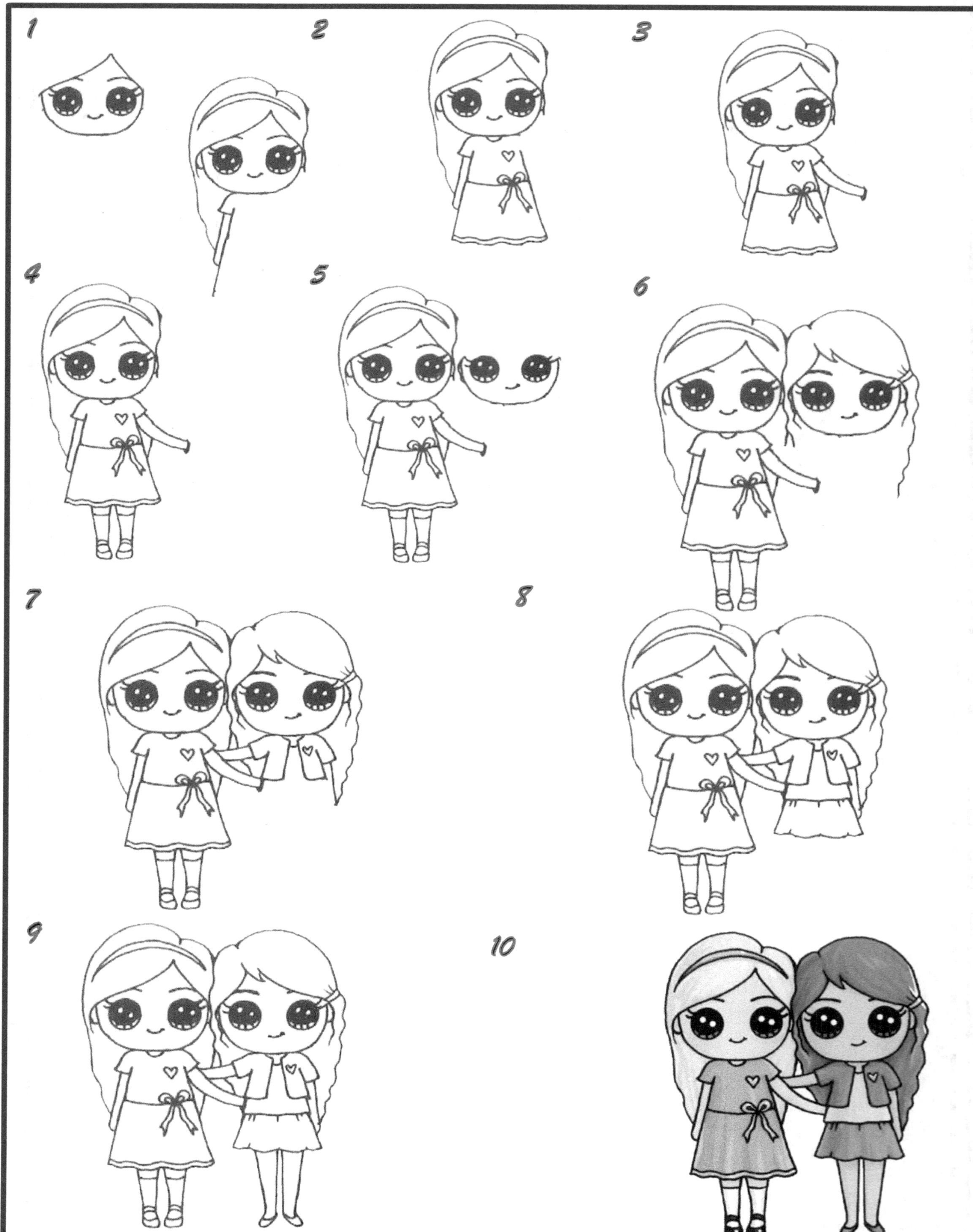

ziehen: ....

1
2
3
4
5
6
7
8
9
10

ziehen: ....

1
2
3
4
5
6
7
8
9
10

ziehen: ....

ziehen: ....

1
2
3
4
5
6
7
8
9
10

ziehen: ....

1
2
3
4
5
6
7
8
9
10

ziehen: ....

1
2
3
4
5
6
7
8
9
10

ziehen: ....

10
11
12
13
14
15

ziehen: ....

1
2
3
4
5
6
7
8
9
10

ziehen:

10
11
12
13
14
15

ziehen: ....

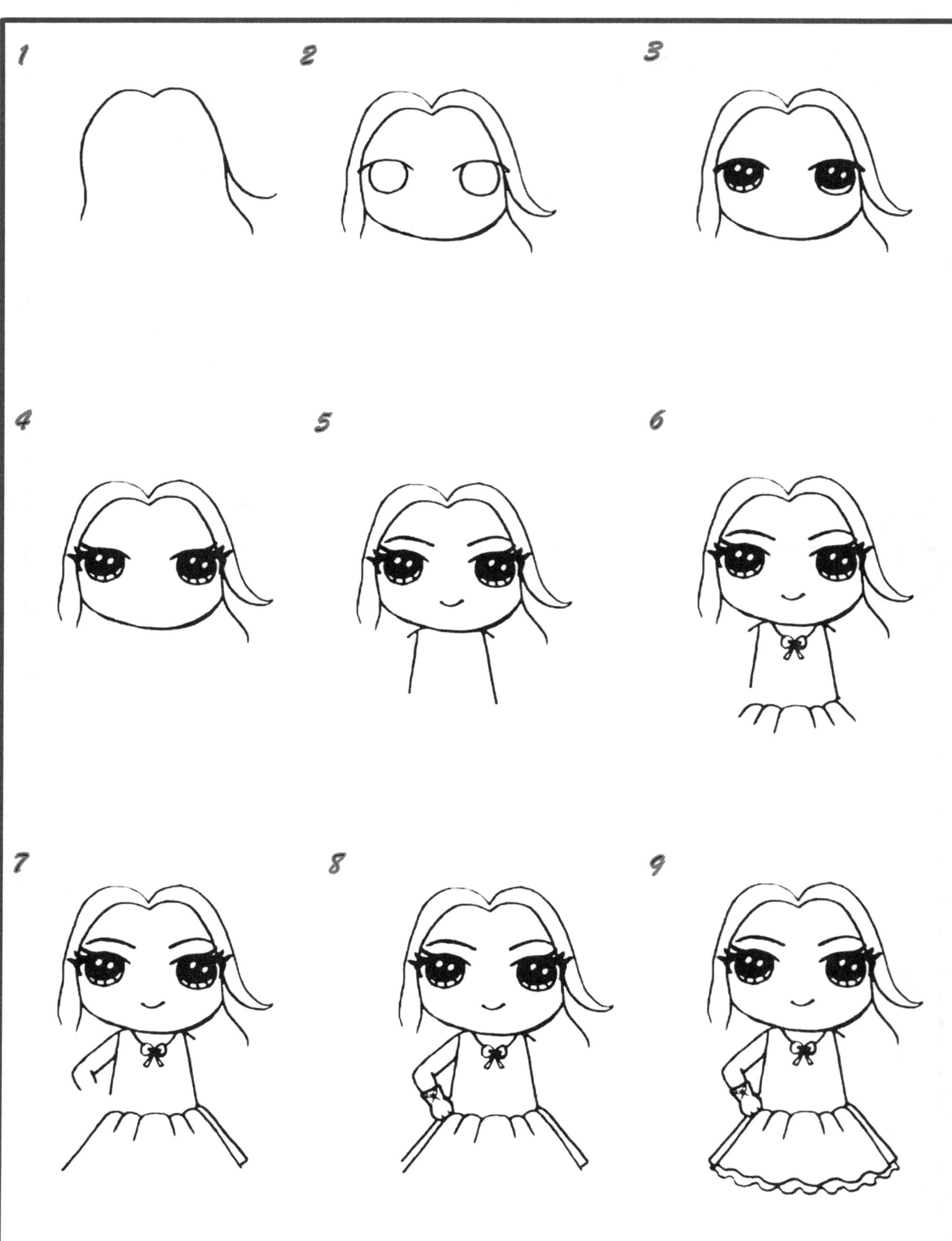

1
2
3
4
5
6
7
8
9

10
11
12
13
14
15

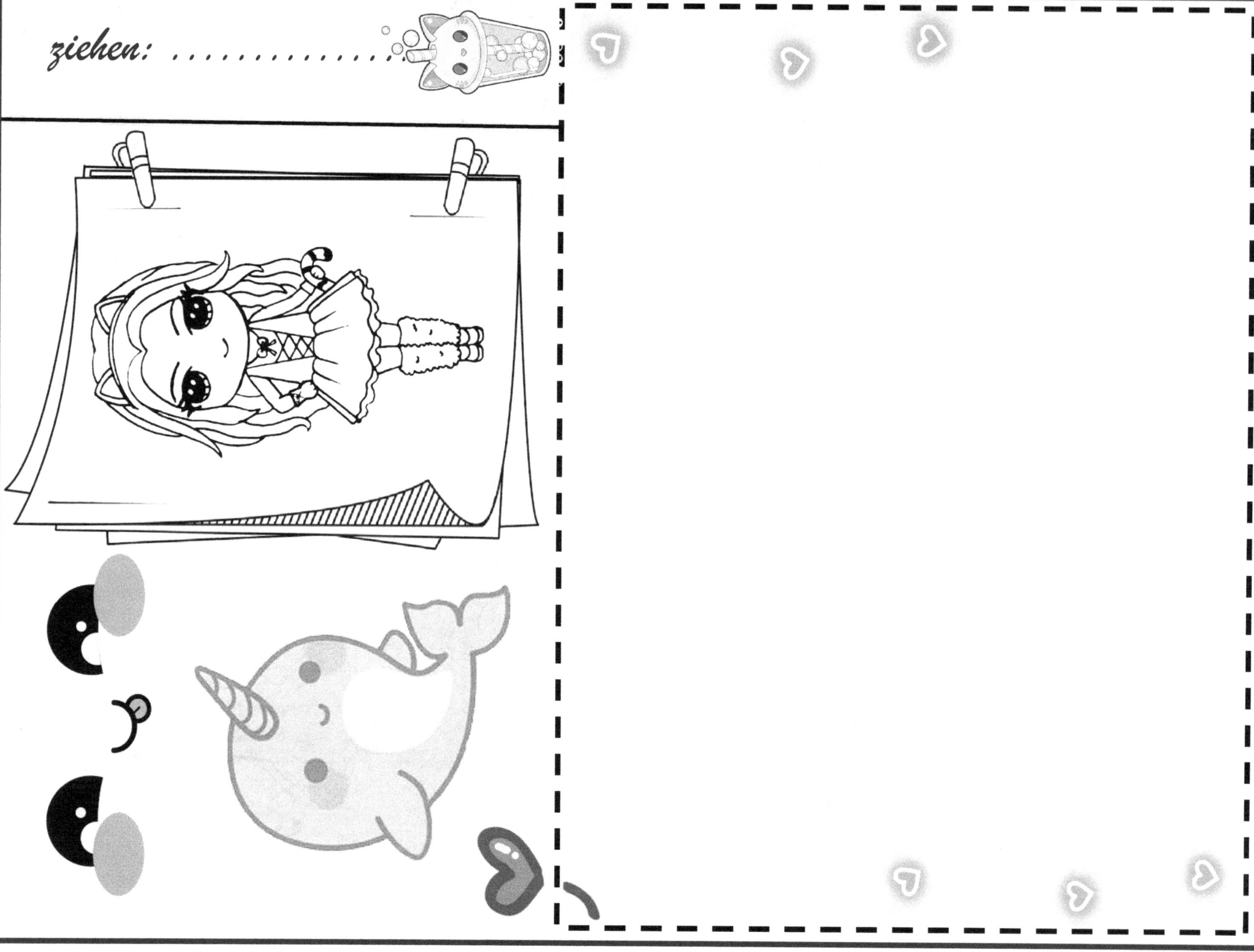

ziehen: ....

1
2
3
4
5
6
7
8
9

10
11
12
13
14
15

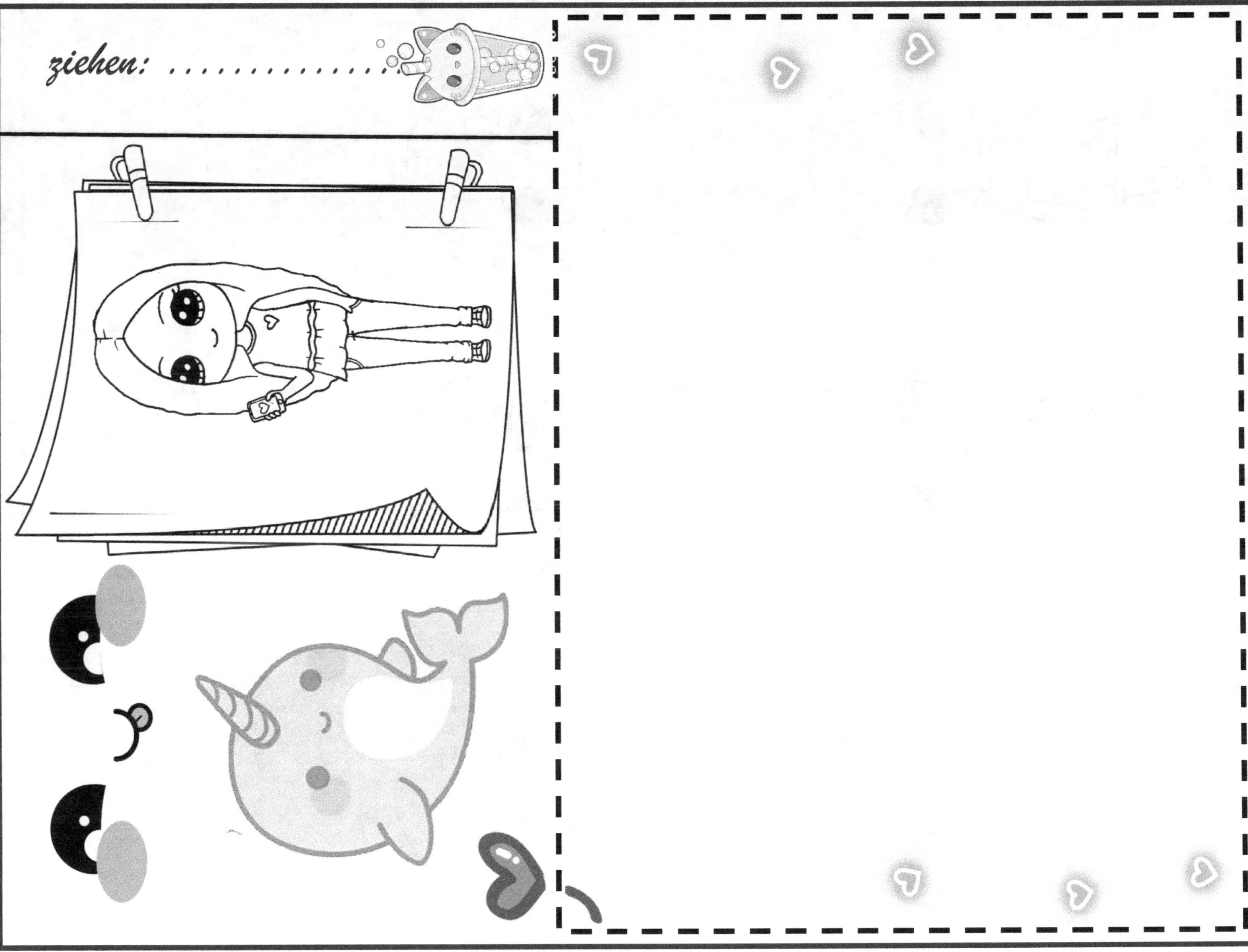

ziehen: ....

1
2
3
4
5
6
7
8
9

10

11

12

13

14

15

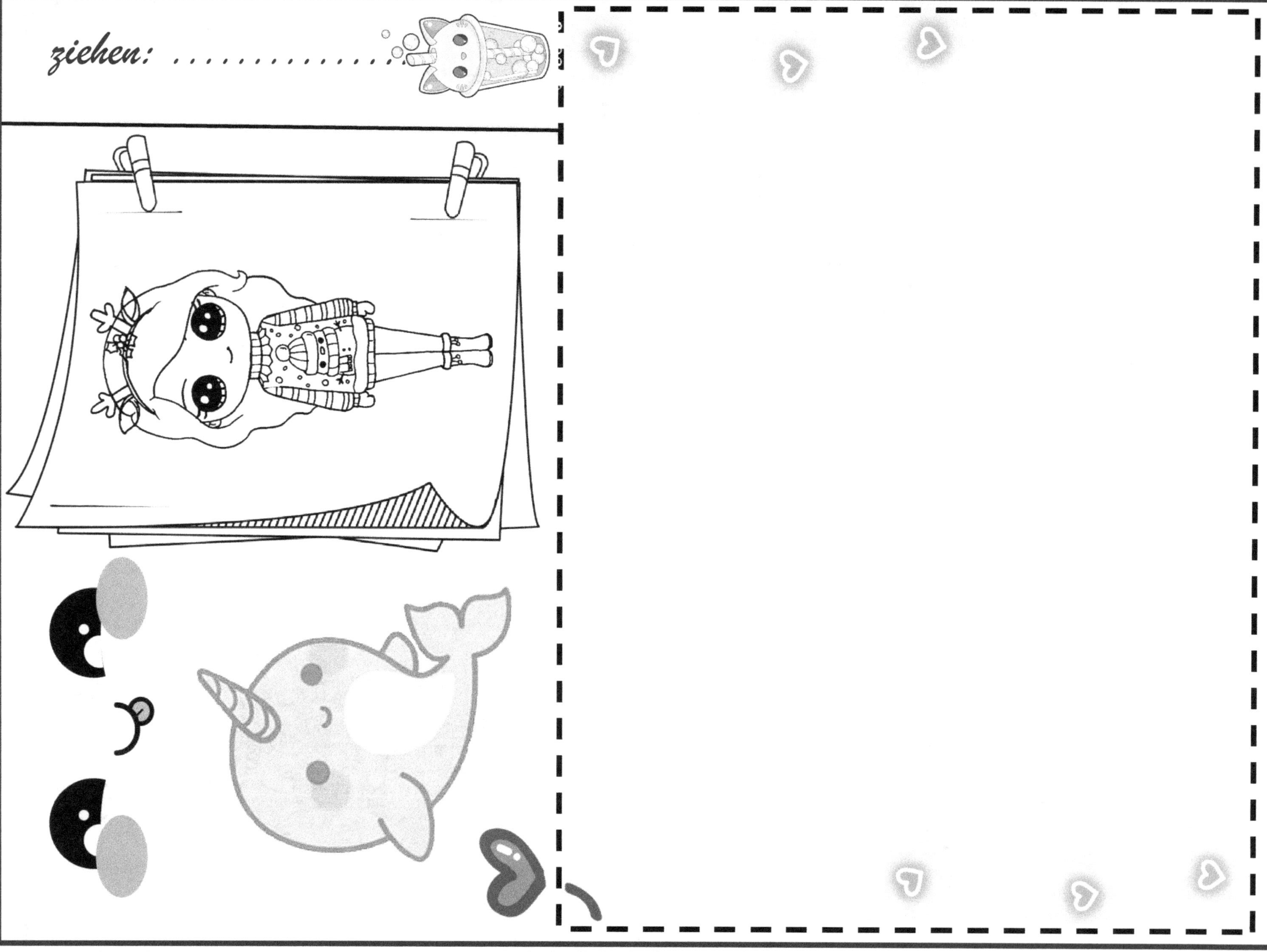
ziehen: ....

10
11
12
13
14
15

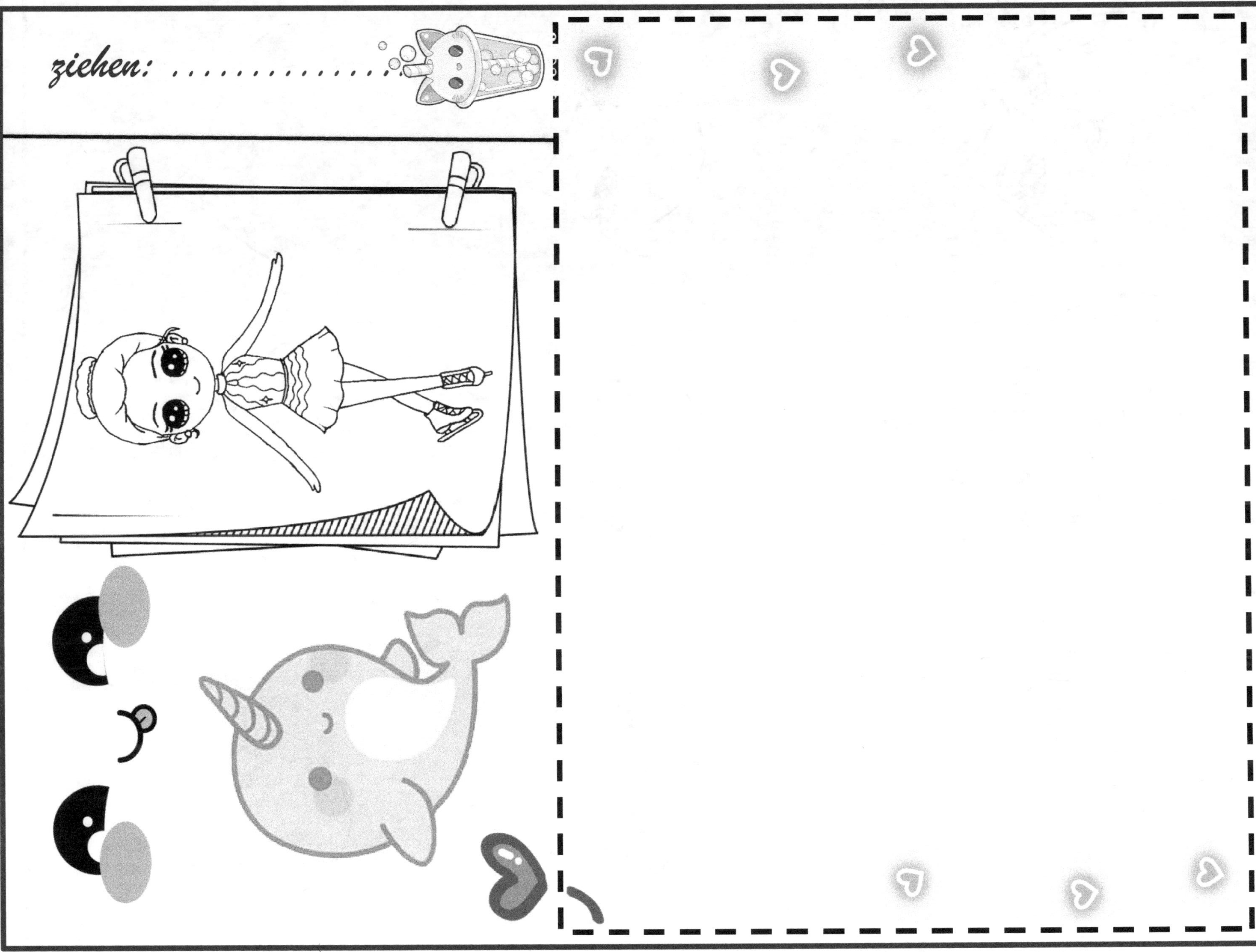
ziehen: ....

1
2
3
4
5
6
7
8
9

ziehen: ....

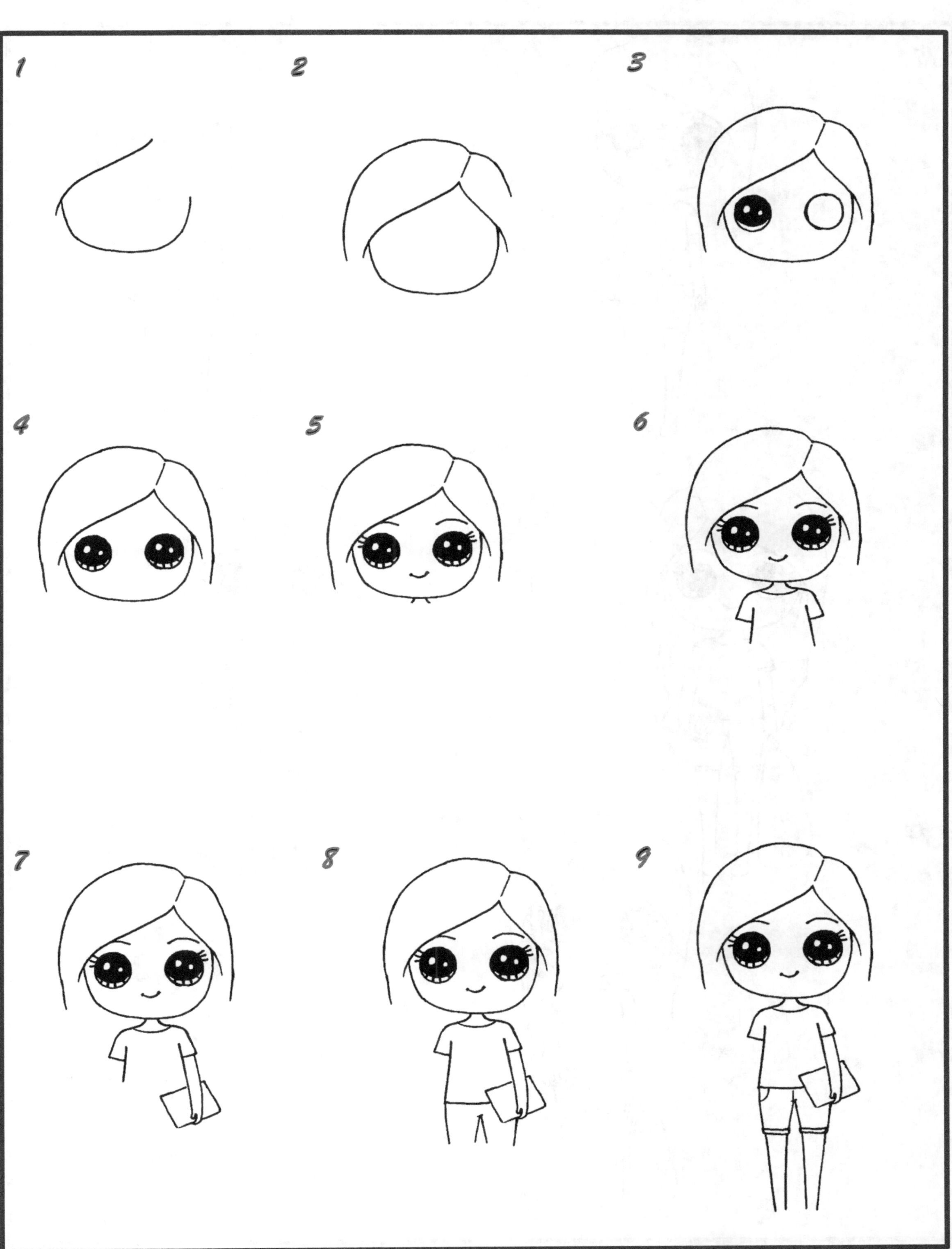

1
2
3
4
5
6
7
8
9

10
11
12
13
14
15

ziehen: ....

10
11
12
13
14
15

ziehen: ....

10
11
12
13
14
15

ziehen: ....

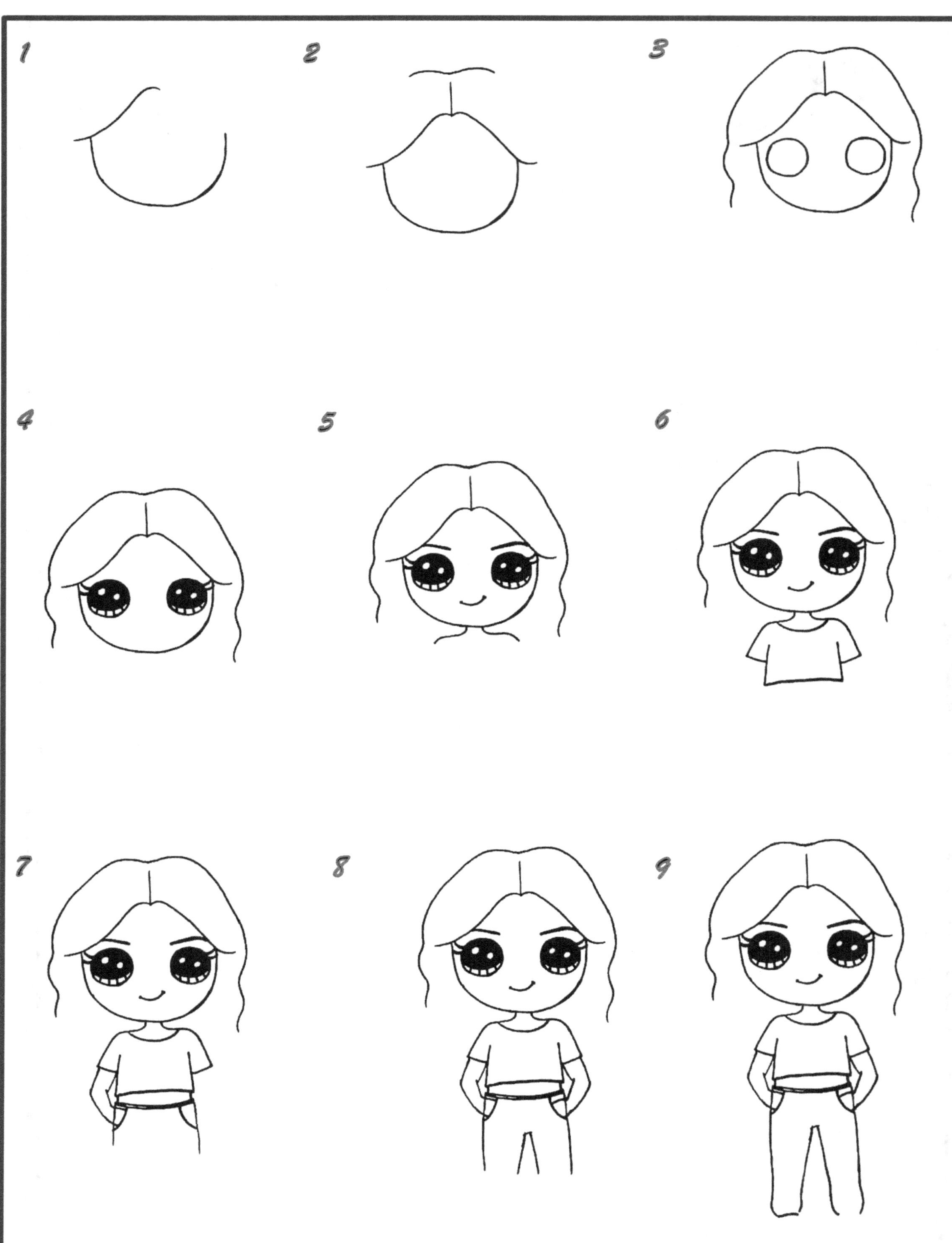

10
11
12
13
14
15

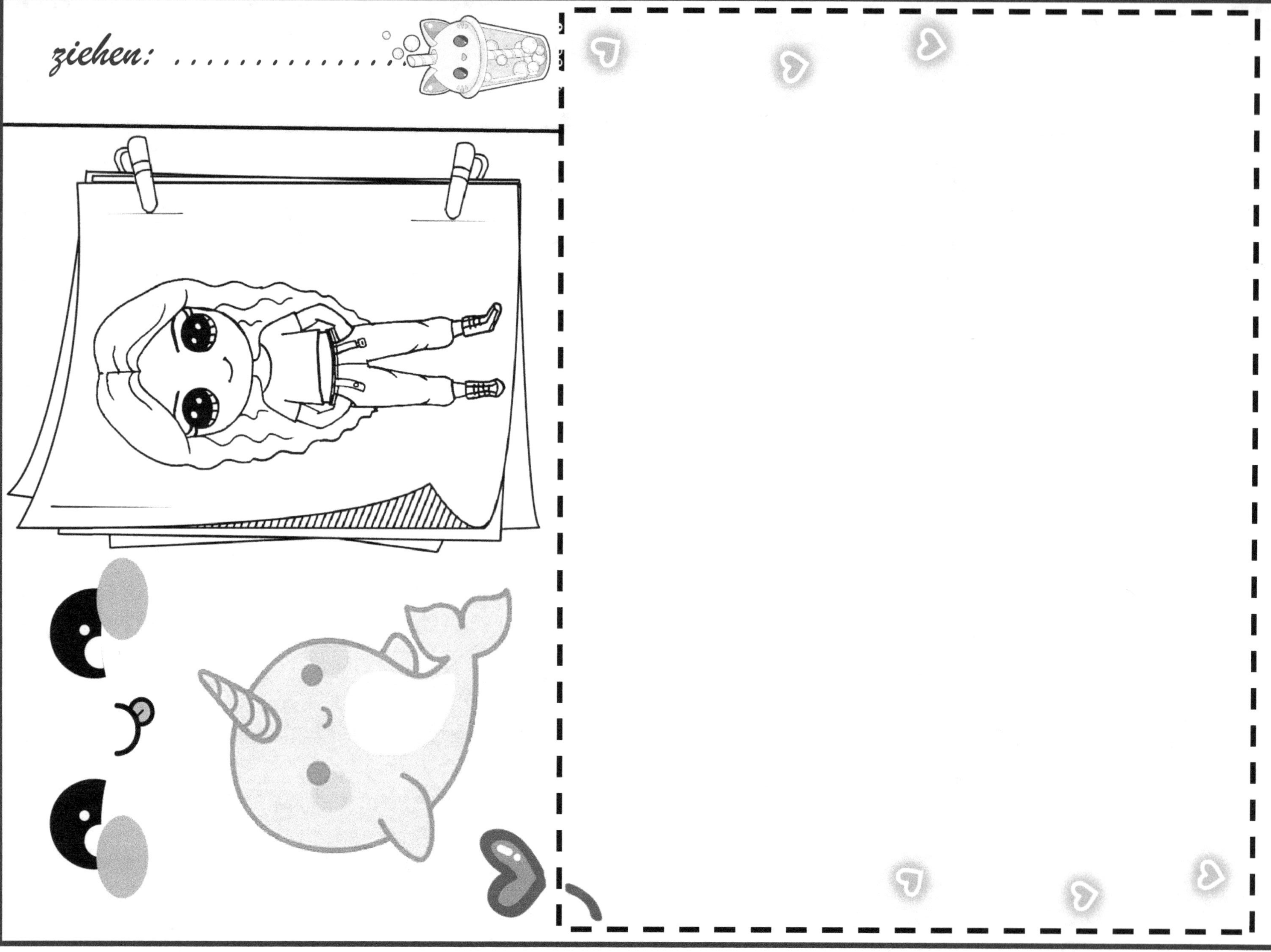

ziehen: ....

ziehen: ....

10
11
12
13
14
15

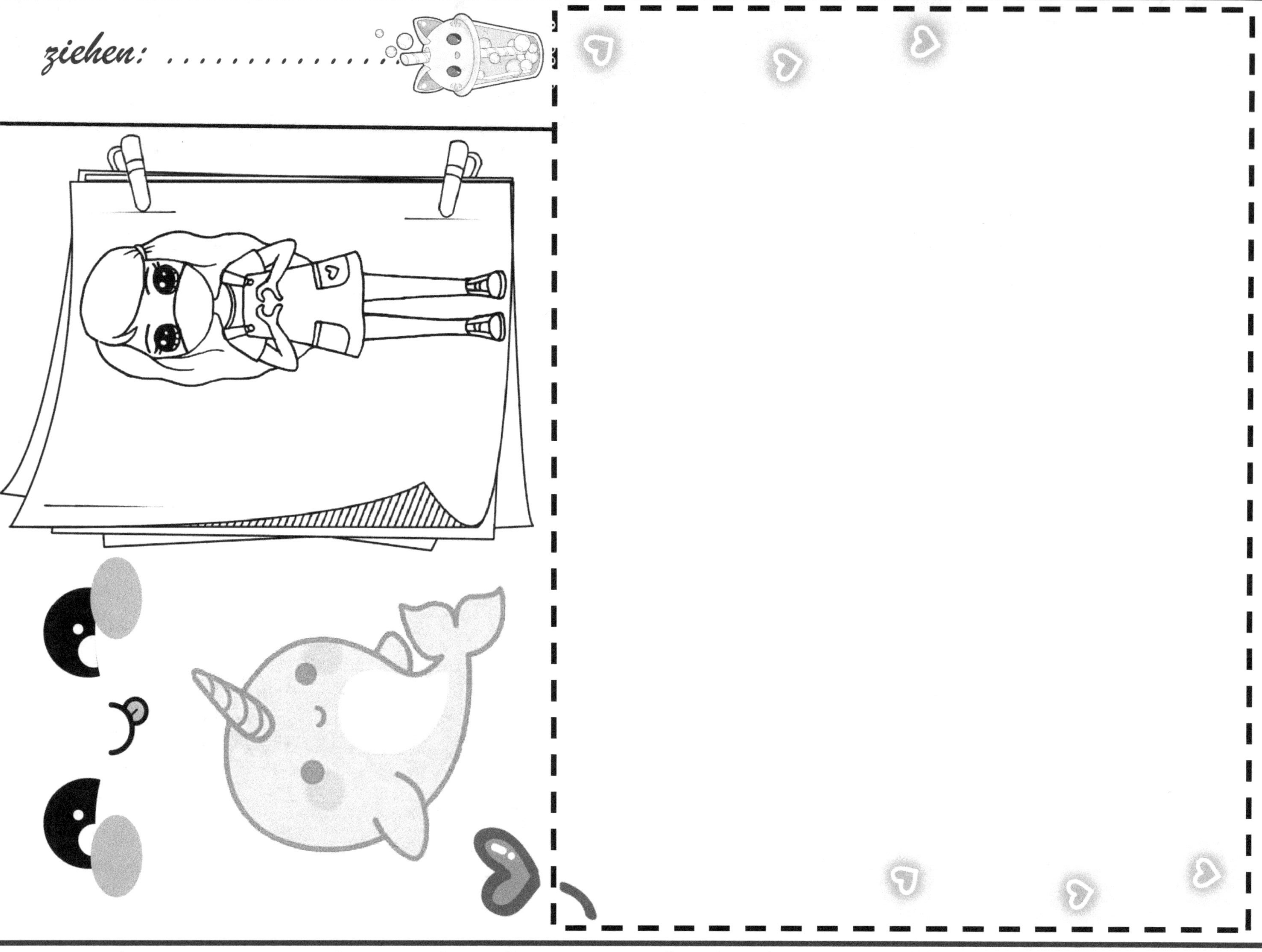
ziehen: ....

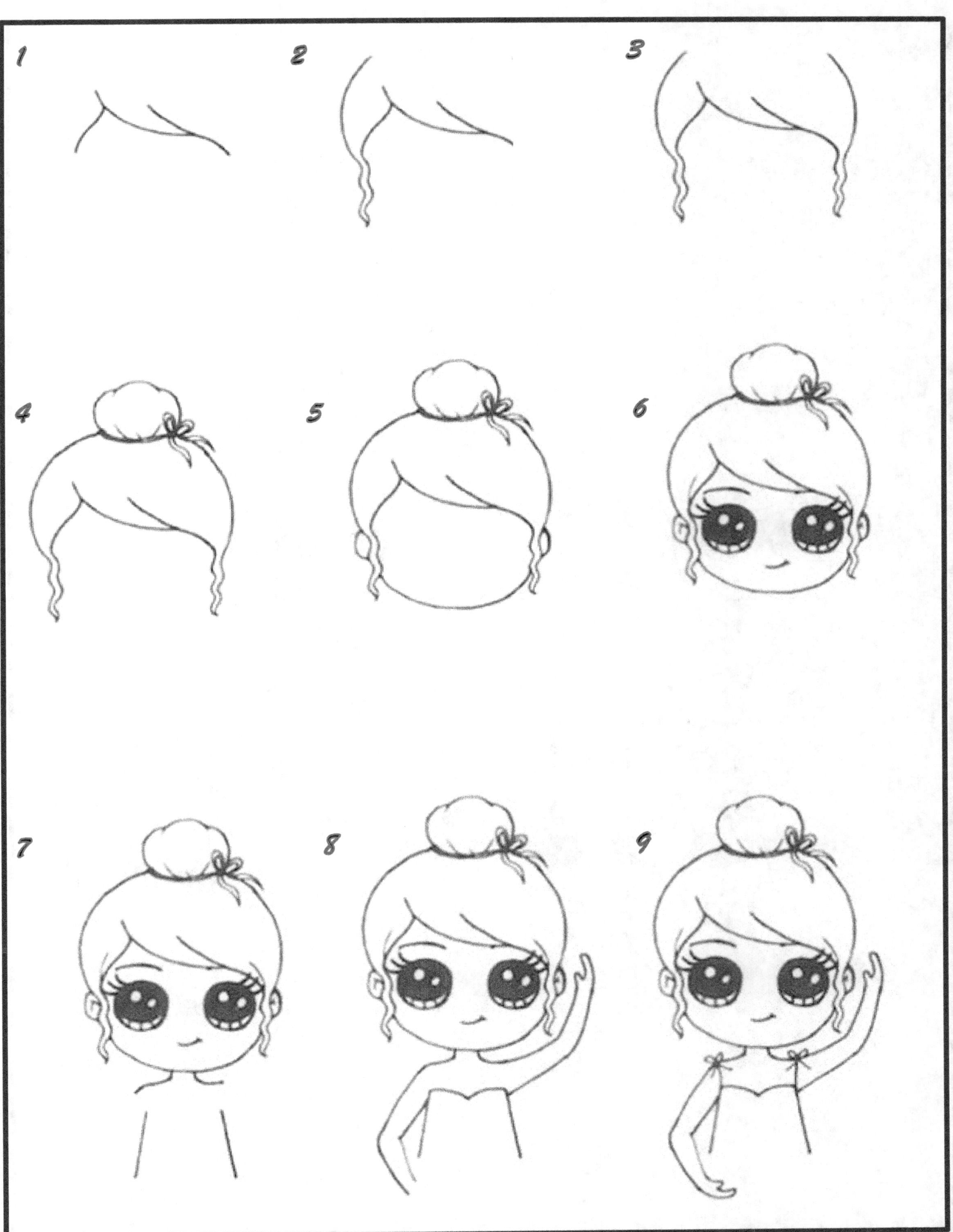

10
11
12
13
14
15

ziehen: ....

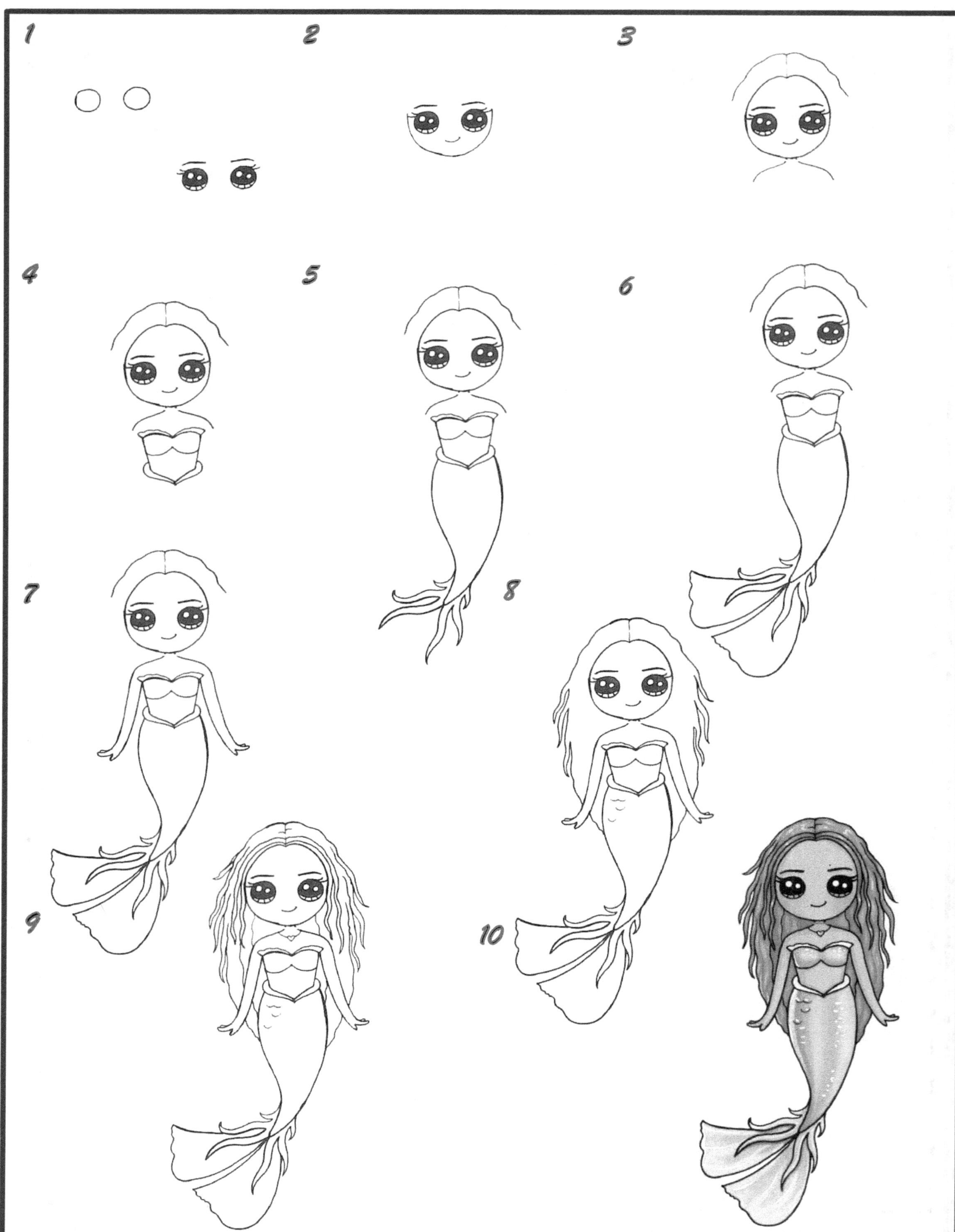

ziehen: ....

ziehen: ....

1
2
3
4
5
6
7
8
9
10

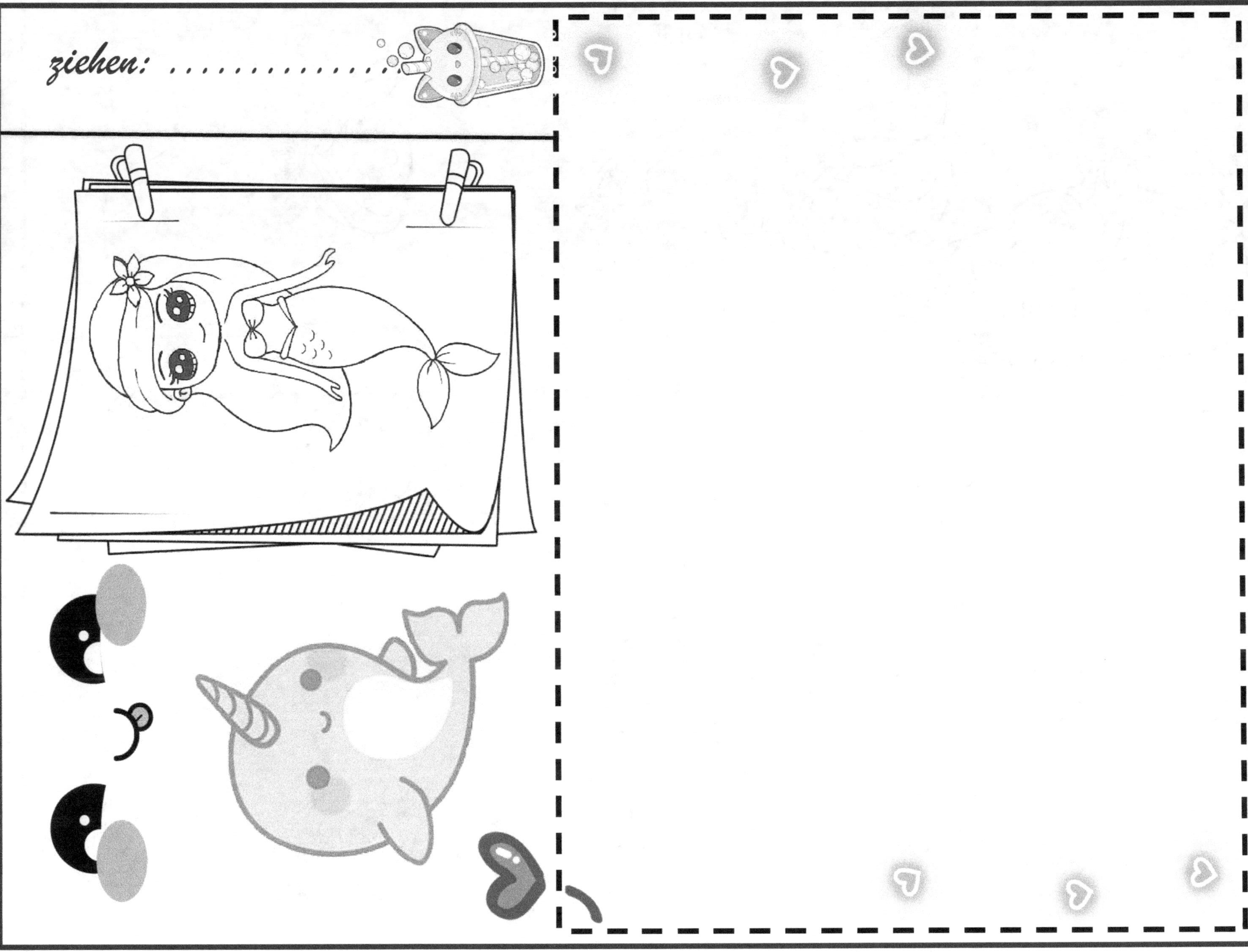

ziehen: ....

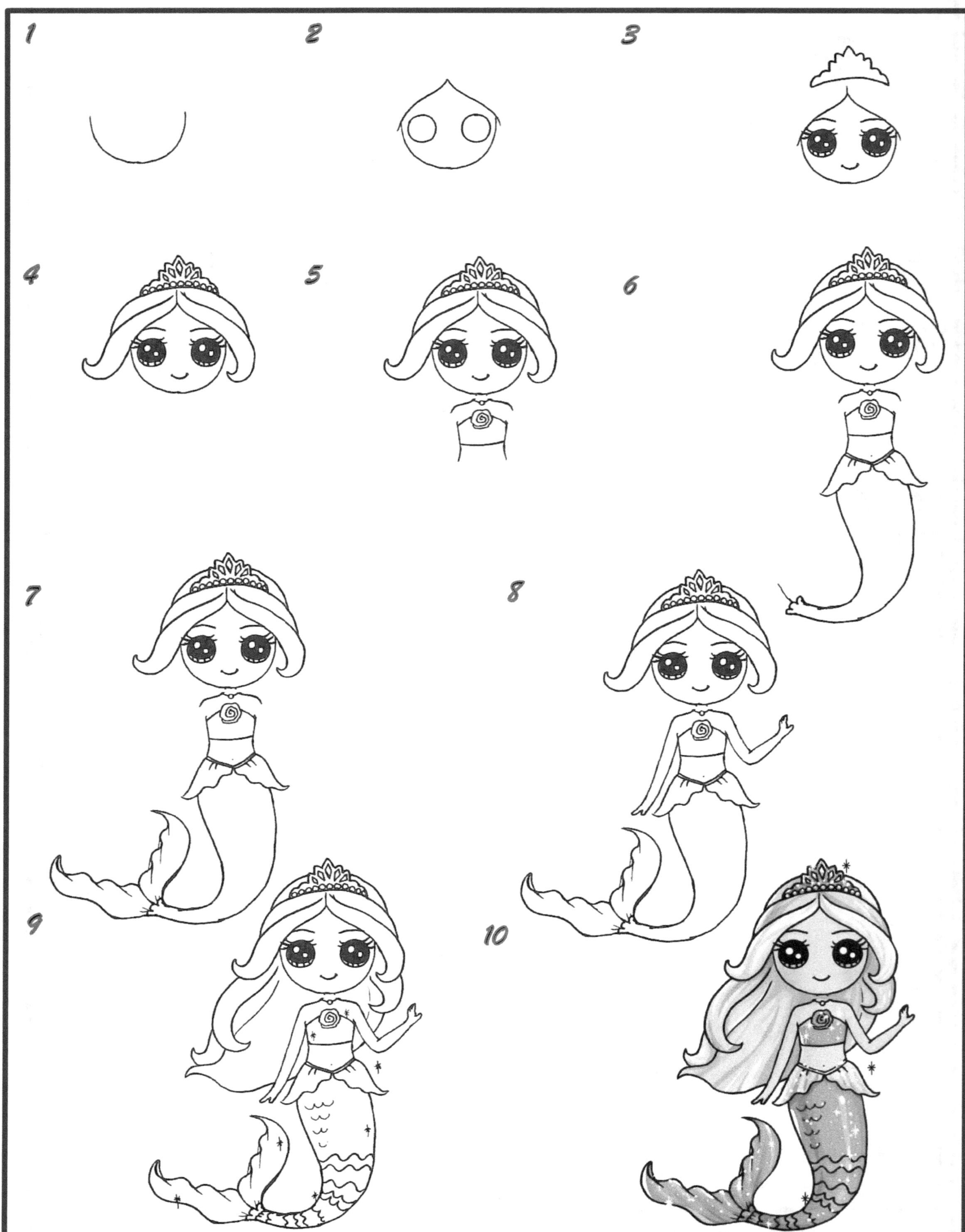

ziehen: ....

ziehen: ....

ziehen: ....

1
2
3
4
5
6
7
8
9
10

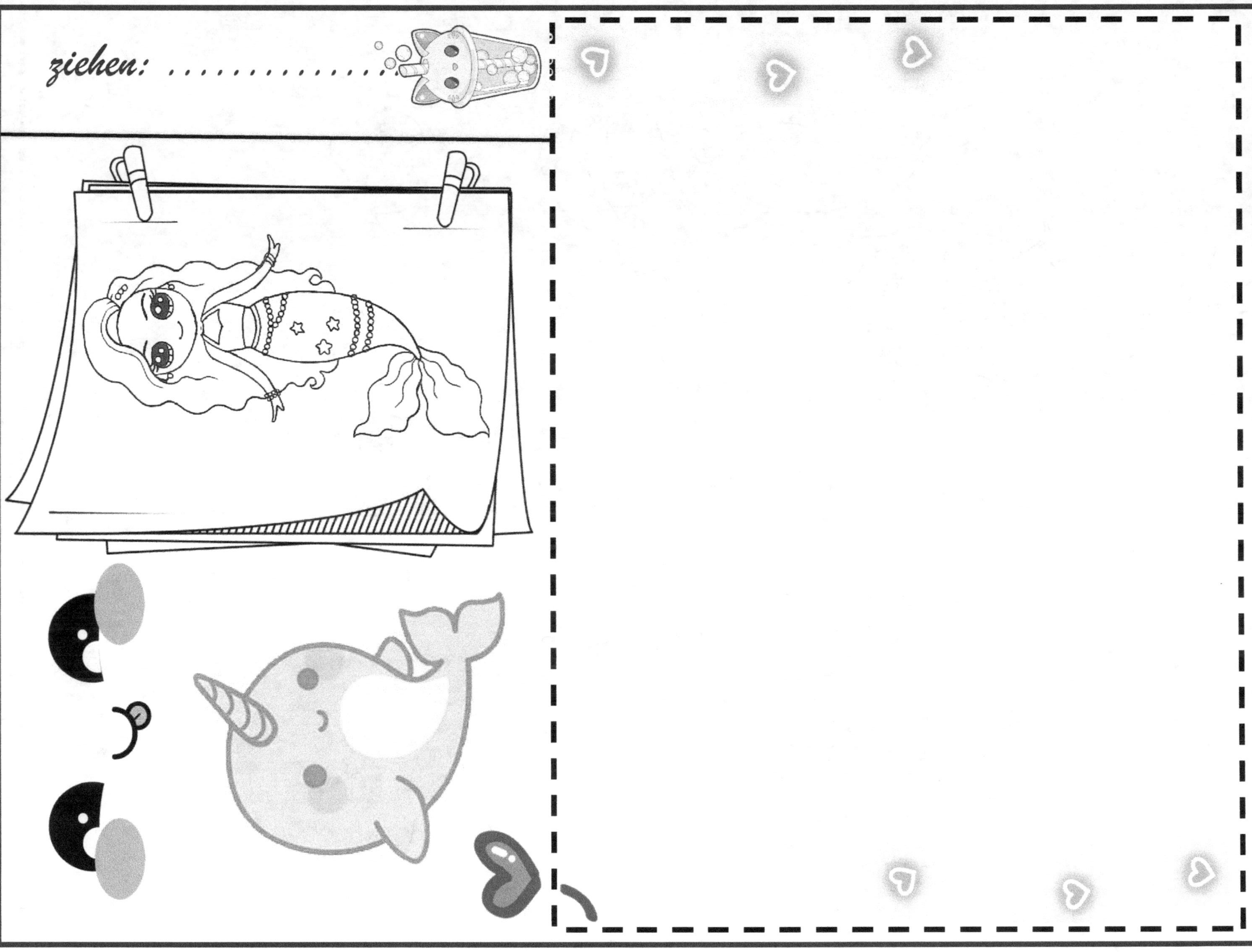

ziehen: ....

ziehen: ....

Vielen Dank, dass Sie sich für dieses Buch entschieden haben. Wir hoffen, dass Ihnen jede Seite dieses Buches gefallen hat und Sie Schritt für Schritt gelernt haben, wie man zeichnet und Ihre eigene Kunst schafft.

www.ingramcontent.com/pod-product-compliance
Lightning Source LLC
Chambersburg PA
CBHW080930260726
48661CB00010B/3867